特教学校
学生养成教育
理论与实施

韩 媛 ◎ 主编

U0729680

吉林文史出版社

图书在版编目（CIP）数据

特教学校学生养成教育理论与实施 / 韩媛主编. —
长春：吉林文史出版社, 2020.4
ISBN 978-7-5472-6855-1

Ⅰ.①特… Ⅱ.①韩… Ⅲ.①特殊教育—养成教育—
教育研究 Ⅳ.①G76

中国版本图书馆CIP数据核字（2020）第060745号

特教学校学生养成教育理论与实施
TEJIAO XUEXIAO XUESHENG YANGCHENG JIAOYU LILUN YU SHISHI

主　　编：韩　媛
责任编辑：程　明
封面设计：姜　龙
出版发行：吉林文史出版社有限责任公司
电　　话：0431-81629369
地　　址：长春市福祉大路5788号
邮　　编：130117
网　　址：www.jlws.com.cn
印　　刷：北京虎彩文化传播有限公司
开　　本：170mm×240mm　1/16
印　　张：16.25　　　　字　数：293千字
印　　次：2022年6月第1版　2022年6月第1次印刷
书　　号：ISBN 978-7-5472-6855-1
定　　价：45.00元

编 委 会

主　编：韩　媛

编　委：侯姣蓉　巩军晓　阎莹莹

附 录

参考文献

第一章

养成教育基本理论

第一节　什么是养成教育

一、养成教育是培养好习惯的教育

养成教育就是培养学生养成良好习惯的教育。

所谓培养，就是"按照一定的目的，长期地教育和训练"。养成教育就是从行为训练入手，综合多种教育方法，全面提高学生的素养，从而达到最终的目的——养成良好的习惯。

二、养成教育是受益一生的教育

1. 习惯是养成教育的产物，习惯改变人的一生

习惯能决定人的命运。著名心理学家威廉·詹姆士曾经指出："播下一个行动，收获一种习惯；播下一种习惯，收获一种性格；播下一种性格，收获一种命运。"著名教育家乌申斯基也有一个精彩的比喻："好习惯是人在神经系统中存放的资本，这个资本会不断地增长，一个人毕生就可以享用它的利息。而坏习惯是道德上无法偿还的债务，这种债务能以不断增长的利息折磨人，使他最好的创举失败，并把他引到道德破产的地步。"好习惯是加速器，是助人腾飞的双翼；坏习惯是枷锁，是难以挣脱的羁绊。习惯支配人生，成也习惯，败也习惯。

2. 养成教育的目标

养成教育的目标分为最低目标与终极目标。最低目标：通过培养良好的行

1

为习惯和思维习惯，从而解放人的大脑。习惯是人体中的软件系统，在其作用下，人的许多行为与思维活动将处于一种不假思索的下意识状态，从而使大脑得以解放出来，集中到自由创造的方面，最终激发大脑的潜能。终极目标：学会做人、学会学习、学会创造。这也是素养教育的三大核心任务。

第二节　什么是习惯

一、习惯的定义

人们常说"习惯成自然"，其实是说习惯是一种省时省力的自然动作，是不假思索就自觉地、经常地反复做的事。比如，每天要刷牙、洗脸等。

习惯不是一般的行为，而是一种定型性行为。我国著名儿童心理学家朱智贤教授认为，习惯是人在一定情境下，自动化地进行某种动作的需要或倾向。例如，儿童养成饭前、便后或游戏后一定要洗手的习惯，完成这种动作已成为他们的需要。他指出，习惯形成就是指长期养成的、不易改变的行为方式。习惯形成是学习的结果，是条件反射的建立、巩固并自动化的结果。

《现代汉语词典》中对"习惯"一词的解释为："常常接触某种新的情况而逐渐适应；在长时期里逐渐养成的、一时不容易改变的行为、倾向或社会风尚。"不难看出，习惯具有个体和社会群体两个层面的意义。从个体层面看，习惯是个体后天习得的、自动化的动作、反应倾向和行为方式，是条件反射在个体身上的积淀。从社会群体层面看，习惯是人们在长期生活中形成的、共同的、相对稳定的行为方式和反应倾向。

二、习惯的特征

1. 简单

天下大事必成于细，天下难事必成于易。最简单的东西，往往是最基本且最重要的东西。习惯并不深奥，常常很简单。比如，按时作息、遵守规则等，其实都是做起来一点都不难的事情，难就难在坚持。从最简单的事情做起，并且把最简单的事情坚持做好了，就是不简单。

2. 自然

自然就是不假思索、不用思想去控制的行为，这是习惯的一个重要特点。如果做一件事情还需要专门的思考和意志的努力，表明习惯并未真正养成。比如，每天晨练30分钟，学生要是在家长的提醒下才去，只能算是一种行为，而非习惯；学生要是想都没想，自觉地去锻炼，一天不锻炼就感到别扭，浑身不舒服，这就叫养成习惯了。

3. 后天性

习惯不是先天遗传的，而是在后天的环境中习得的，是一种条件反射。有的习惯是很自然、不费什么工夫就形成的，有的则需要长期、反复的训练。而养成同一种习惯需要花费的时间，也会因个体的不同而产生明显的差异。

4. 可变

习惯是一种定型性行为，一般形成后就很难改变，但这并不是绝对的。即使是已经形成的、很牢固的不良习惯，只要经过较长时间的强化训练和影响，也能发生改变。当然，这需要极强的意志力和自信心克服惯性的作用力。

5. 情境性

习惯是在相同情境下出现的相同反应。养成某种习惯的人，一旦到了特定的场合，习惯就会表现出来。比如，有的学生只在学校爱劳动，在家里就懒了，就是受到情境的制约。

三、习惯的分类

人们通常把习惯分成好习惯和坏习惯两大类，这种分法虽然简便，却很笼统。《儿童教育就是培养好习惯》从不同的角度对习惯进行了较为细致的分类，归纳出来主要有：

1. 良好习惯和不良习惯

按习惯的价值，习惯可分为良好习惯和不良习惯。凡是对人的学习、工作和生活等起积极作用，适应人的正常需要，且对人具有正向价值的一类习惯就是良好习惯。比如，节约能源、坚持体育锻炼等。反之，则是不良习惯。比如，不讲究卫生、酗酒、吸烟等。

2. 社会习惯和个性习惯

按习惯的层面，习惯可分为社会性习惯和个体习惯。社会性习惯多是强调与他人发生联系的习惯，通常体现为适应公共生活领域的习惯。比如，遵守交通规则、爱护环境、文明礼貌等。个体习惯则是社会个体所独有的习惯。比如，有人习惯早睡早起，有人习惯晚睡晚起；有人习惯早上锻炼，有人习惯晚上锻炼等。

3. 动作性习惯和智慧性习惯

按习惯的水平，习惯可分为动作性习惯和智慧性习惯。动作性习惯主要是一些自动化的身体反应和行为动作，比较简单，形成的时间较短，容易训练。比如，饭前便后洗手、早晚刷牙洗脸等。智慧性习惯比较复杂，层次更高，需要较长时期的训练才能形成，这类习惯主要涉及思维方式、情感反应和心理反应倾向方面的内容。比如，做事有计划、凡事三思而后行、实事求是、质疑等。

4. 一般性习惯和特殊性习惯

按习惯能力的关系，习惯可分为一般性习惯和特殊性习惯。一般性习惯与人的一般能力要求相一致。比如，善于观察事物、勤于思考等。特殊性习惯与特殊技能和能力要求相适应。比如，建筑师、艺术家等职业所需要的利用表象构图的习惯等。

5. 学习习惯、生活习惯、工作习惯、交往习惯

按不同的活动领域，习惯可分为学习习惯、生活习惯、工作习惯、交往习惯。这是按照人们日常活动的主要领域分的，还可以进行细分。比如，学习习惯中可分出预习习惯、复习习惯、作业习惯等。

6. 传统性习惯与时代性习惯

按出现的时间，习惯可分为传统性习惯与时代性习惯。从历史上传承下来的习惯可以看成传统性习惯。随着社会的变迁，人们在现实生活中形成的新习惯就是时代性习惯。比如，乘扶梯靠右边站立的习惯等。

第三节　人的行为模式和行为水平

人的行为从方向上可分为良好行为与不良行为，从行为方式上可分为定型性行为和非定型性行为。

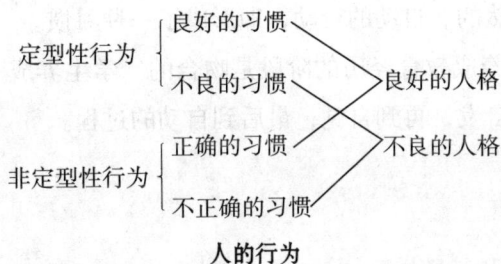

```
              ┌── 良好的习惯 ─┐
    定型性行为 ┤               ├── 良好的人格
              └── 不良的习惯 ─┤
                              ├── 不良的人格
              ┌── 正确的习惯 ─┘
   非定型性行为┤
              └── 不正确的习惯
```

人的行为

上图实际也呈现了习惯与人格的关系，良好习惯指人的行为有四个层次，依次为被动性行为、自发性行为、自觉性行为和自动性行为。这四个层次是依次递进的，实际上也揭示了习惯养成的四个阶段，到最后一个行为层次即自动性行为阶段时，也就是养成习惯了。养成良好习惯就是行为的最高层次。

我们可以看一个具体的例子，一个刚进幼儿园的三岁小孩儿，从前习惯了被家人抱着或背着走，对教师提出的"自己走"的要求，他（她）会经历四个阶段。

第一阶段——被动

表现出"内力不足，特别需要外力"的特点。他（她）对为什么要"自己走"还没有认识。在幼儿园里，教师提醒了，他（她）就会自己走；离开幼儿园，没有教师的提醒，他（她）就不自己走了，还是要家人抱着或者背着。

第二阶段——自发

表现出"既需外力，也需内力"的特点。通过教师的教育，他（她）对"自己走"有了一定的认识，但还不能完全控制自己，经常需要一定的情境提醒和外部监督。比如，家长送他（她）上幼儿园，出门时他（她）会要求抱着或背着，但在学校门口看到教师时，他（她）会意识到自己的行为不恰当，很

5

快就下来自己走了。

第三阶段——自觉

特点是"不需外力，但还需内力"。他（她）坚持一段时间后，不需要教师或家长的监督，基本上能够做到自我要求和自我控制了，偶尔会有反复，需要自己的意志努力，说服自己要自己走，但还不是自动的行为。

第四阶段——自动

特点是"既不需靠外力，也不靠内力"。他（她）既不需要教师或家长的监督，也不需要自己的意志努力，不管在什么地方、什么时间都愿意自己走，自己走成为一种自然的、自动的行动，即形成了一种习惯。

这四个阶段与养成教育经历的阶段是吻合的。学生养成一个好习惯，通常需要经历从被动到自发，再到自觉，最后到自动的过程。

第四节 养成教育的内容及特点

一、养成教育的内容

养成教育既包括正确行为的指导也包括良好习惯的训练，既包括行为习惯的培养也包括语言习惯、思维习惯的培养。养成教育包括各种习惯的培养，如培养良好的做人习惯、做事习惯、学习习惯、生活习惯、思维习惯等。

二、养成教育内容的特点

教育者重视培养学生养成好习惯，但常常付出巨大努力而收效甚微。这可能是对养成教育内容的特点缺乏认识的结果。养成教育是一个长期的、系统的工程，必须讲科学，而不是教育者脑袋一热就能解决的问题。

关鸿羽教授提出养成教育的内容要规范化、细目化、序列化，对我们很有启示作用。

1. 养成教育的内容要规范化

实施养成教育，教育者应该有一个全盘的认识，培养什么习惯不能由教育者主观而定，不能心血来潮，兴趣一来就要求学生做这做那，没有什么计划，盲目地花费很多气力，却不能从根本上解决问题。

《中共中央关于改革和加强中、小学德育工作的通知》中明确指出，要制定并组织试行中、小学生《日常行为规范》，使学生牢记规范要求，逐渐养成文明的行为习惯。《通知》表明，养成教育要规范化。具体的行为规范主要有：

（1）爱国守法、明礼诚信、团结友善、勤俭自强、敬业奉献。

（2）《小学生守则》及《小学生日常行为规范》（略）。

（3）《中学生守则》及《中学生日常行为规范》（略）。

此外，习近平总书记提出的"社会主义核心价值观"虽是针对全体公民而言，但尤其针对青少年学生提出了"德智体美劳"全面发展的要求，这对于青少年学生的身心发展很重要。因此，也是一项值得注意的内容。

这些行为规范与守则还不是行为规范的全部内容，但对青少年学生应该养成的习惯已经具有重要的指导作用，是不应忽视的。而且，这些规定只明确了不应该怎样或应该怎样，都是一些最起码的要求。也就是说，只有下限没有上限，良好习惯的培养是没有止境的。

2. 养成教育的内容要细目化

在实施养成教育的过程中，教育者常常会给学生提出各种各样的要求。这样做当然是出于良好的目的，但若操作不当，很容易出现负面效果。为什么？教育者常常忘记学生的身份，把学生当成和自己一样的大人要求。因此，提出的要求难免成人化，提出的要求过高、过于抽象，学生很难达到。

因此，关鸿羽教授提出对学生提要求要近一点儿、小一点、实一点。具体来说，就是：

近——离学生的实际生活更近一点，不要好高骛远。

小——要求小一点，以小见大，不要"高口号"式。

实——要实在、具体，不要太抽象。

总之，给学生提要求时，要尽量看得见、摸得着，具体、形象、直观。学校和家庭应该根据学生的情况制定出养成教育的细目，如幼儿阶段行为指导与习惯培养细目、小学阶段行为指导与习惯培养细目、初中阶段行为指导与习惯培养细目。

3. 养成教育的内容要序列化

任何一个人的成长都是有序的，是一个循序渐进的过程。养成教育也应该是有序的。如果教育者不按照养成教育自身的系统安排教育内容，就会使养成教育变得混乱。

如何实现序列化呢？

必须按照学生的年龄特点，从易到难，由低入高，按照科学的序列计划出具体的时间和内容，要做到横向一体化、纵向序列化。关鸿羽教授认为，制定序列化方案的依据主要有两条：一条是党和国家对青少年一代的新要求，另一条是学生的年龄特点、心理状况和思想实际。

结合这些新要求，我们认为6岁前应该养成的好习惯，具体包括良好的生活习惯和卫生习惯、文明礼貌习惯、爱劳动的习惯、爱惜物品的习惯。

6～16岁的学生应注意培养独立生活的习惯、生活勤俭朴素的习惯、做事有计划的习惯、自信的习惯、独立性与坚持性的习惯、勇敢的习惯、自制的习惯、适应的习惯、良好的学习习惯，等等。

第五节　养成教育的关键期

一、小灰天鹅认"妈妈"

小灰天鹅从蛋壳中爬出来后，会把第一眼看到的动物当成自己的妈妈：如果是母鸡孵化它出壳，它就把母鸡当妈妈；如果出壳时是人在身边，它就把人当妈妈；如果出生时不接触任何动物，它就只会自己吃和玩，几天后再接触别的动物，哪怕是它真正的妈妈，它也不会认了。

这种有趣的现象是20世纪30年代奥地利动物学家洛伦兹在动物的心理实验中发现的。他把小灰天鹅这种无须强化的、在一定时期内形成的反应称为"印刻现象"。

二、关键期

经过多次实验，洛伦兹得出这样一个结论，在动物早期的发育过程中，动物的某一反应或某一组反应在某一特定时期或阶段中最容易获得。如果错过这一时期或阶段，就不容易再出现这样好的"时机"。这个"时机"称为"关键期"。当把动物实验引申到早期儿童发展教育研究中时，现代科学家发现，人的智力、能力、习惯的发展，关键期同样存在而且起着重要的作用。有人也把这一时期称为"敏感期"，是指个体在发展过程中有一段特殊的时期，其成熟程度最适宜于学习某种行为。

三、真实的案例

"狼孩"卡玛拉姐妹在狼的抚养下长大，被带回到人类社会时，姐姐约8岁，妹妹约1岁半。科学家们想尽各种办法，仍然无法让她们改掉狼的生活习性。妹妹虽然在两个月后说出了"不"字，但一年后就死去了。姐姐经过3年的培训才能用脚走路，直到17岁时死去，智商也只有3岁半孩子的水平，只能讲45个单词。

日本士兵横井庄一在第二次世界大战时迷失在东南亚大森林，像野人一样生活了28年，完全遗忘了人的一切习惯和语言。但是，获救后仅仅通过28天的训练，他就恢复了人的习惯，重新适应了人类的生活。

这两个案例从两个方面说明了关键期的重要性。前者表明，在关键期，一个人正常的发展一旦受阻，将会对其以后的发展产生障碍，这种障碍有时是很难甚至不可弥补的；后者则表明，只要不错过受教育的关键期，日后的发展即使出现障碍，也会很快克服困难并恢复正常。总的来说，成长的关键期，会对人一生的发展产生影响。

四、一些具体的关键期

国内外经过近半个世纪的有关研究表明：

6个月是婴儿学习咀嚼的关键期；

8个月是分辨大小、多少的关键期；

2～3岁是学习口头语言的第一个关键期；

2岁半～3岁是教孩子怎样做到有规矩的关键期；

3岁是计算能力发展的关键期（指数数和点数、按要求取物品及说出个数等）；

3岁是培养独立性的关键期；

4岁以前是形成视觉形象发展的关键期；

3～5岁是音乐才能发展的关键期（拉提琴3岁开始，弹钢琴5岁开始）；

4～5岁是学习书面语言的关键期；

3～8岁是学习外国语的关键期；

5～6岁是掌握词汇的关键期；

9～10岁是学生行为由注重后果过渡到注重动机的关键期；

幼儿阶段是观察力发展的关键期；

小学1～2年级是学习习惯培养的关键期；

小学3～4年级是纪律分化的关键期；

小学5～6年级以及初二、高二是逻辑思维发展的关键期；

小学阶段是记忆力发展的关键期，是记忆的黄金时代；

初中阶段是意义记忆的关键期……

在成长过程中，关键期的出现与实际情况紧密联系。同一个关键期，有的学生可能出现得早些，有的学生可能会很晚，这是由人的个体性差异决定的，不能一概而论、生搬硬套。抓住关键期固然重要，但也不要迷信关键期，一定要根据学生的实际情况进行恰当的引导，循序渐进。

五、三岁决定一生，养成教育也有关键期

良好习惯的养成也有关键期。古往今来，许多著名的教育家、心理学家、思想家都认为习惯要从小培养。

现代心理学和教育学的研究表明，人在成年前，尤其是年幼的时候是培养好习惯的最佳时期。幼儿期（3～6岁）、童年期（7～12岁）、少年期（13～17岁）都是重要的时期，幼儿期尤为关键。为什么幼儿期是习惯培养的关键期呢？对此，少年儿童行为习惯与人格的关系研究课题组进行了详细的研究和分析，归纳起来，原因主要有以下三点：

1. 生理原因

从生理上讲，人的脑发展迅速，7岁时，基本接近成人的脑重，大脑皮层结构也日趋复杂化。神经纤维的髓鞘化逐渐完成，使得神经兴奋的传导更加精确迅速；5~6岁时，脑电波的发展出现一个明显的加速时期，内抑制开始蓬勃发展起来，皮质对皮下的控制和调节作用逐渐增强。此时，脑的发展已经达到一定的程度，为其进行习惯培养提供了很好的生理物质基础。

2. 心理原因

从心理上来讲，进入幼儿期，因为游戏增多、身心发展迅速、生活范围扩大、独立性增强，学生对世界充满了好奇和探索的欲望，同时初步产生了参加社会实践活动的愿望。当在生活中、游戏中、社会交往中发生无数个第一次、无数个不知道如何办时，教育者如何处理、如何说话，都会影响学生行为习惯的形成。就好比在洁白的纸上抹下的第一笔，这些第一次对学生的成长也非常重要。

3. 现实调查

现实的调查证明，良好习惯带来成功，不良习惯导致失败。成功人士的好习惯和失败人士的坏习惯，究其根源，大多数是来自小时候所受的教育。

著名教育家陶行知说过："人格教育，端赖六岁以前之培养。凡人生之态度、习惯、倾向，皆可在幼稚时代立一适当基础。"少年儿童时期是培养良好习惯的关键时期，抓住了这一关键时期，学生的发展就能收到事半功倍的效果。

第六节　养成教育与人格

一、人格

心理学上关于人格的定义已有几十种之多，我们这里不讨论谁是谁非。一般说来，人格反映的是一个人整体的心理面貌，通常指的是一个人的个性特征。很多人觉得人格过于抽象，其实它存在于我们每一个人身上，我们平常说某人待人热情、坦率、谦虚等，实际上就是在评价他的人格。

一个人的人格是由各种特质组成的，并且比较稳定、不易改变。人格特质既受先天遗传的影响，又受后天环境和教育的影响，但大部分是后者影响的结果。

二、当代独生子女的"六小"

独生子女在人格方面存在的各种问题已经引起人们的广泛关注。教育专家关鸿羽教授等在调查中发现，目前他们存在着"六小"问题。

1. "小霸王"

表现为在家里特别霸道，说一不二，听不进去家长和长辈的话。比如，一家人看电视，看什么频道不是由家长定而是由自己定，否则就不让家长看，甚至发脾气。

2. "小懒虫"

表现为在家里不干活，根本没有干家务的意识。小学生让家长给穿衣服，中学生起床不叠被子，大学生不会自己洗衣服，这样的例子俯拾即是。家长要想让他们干点家务，简直比登天还难。

3. "小馋猫"

表现为特别馋，喜欢吃零食，听不得、更见不得"好"东西，不给吃就乱发脾气，直到家长让他（她）吃才罢休。其实他们要吃的东西很多都是"垃圾"食品，吃进去对身体健康发育没有什么好处，反而会造成挑食、偏食甚至厌食的毛病。饮食营养搭配最好是："一把蔬菜一把豆，一个鸡蛋加点肉，五谷杂粮要吃够。"

4. "小犟牛"

表现为特别任性、执拗、一意孤行，想怎样就怎样，听不进去别人的劝告。还表现为爱跟家长犟嘴。

5. "小磨蹭"

表现为特别拖拉，做事情没有计划，不懂得珍惜时间。往往十分钟能做完的功课要半小时甚至更久，去什么地方办事情也是慢慢吞吞，一点儿也不着急。

6．"小马虎"

表现为做事马虎，不认真，爱凑合。比如，做作业常常抄错题目，考试时常常忘记检查，等等。除了这"六小"以外，他们还存在很多其他的问题，如花钱大手大脚、爱攀比、虚荣心强，等等。归根结底，这都是一个习惯的问题。乌申斯基说过："教育的任务就是培养性格，而性格是由天赋的倾向性及从生活中获得的信念与习惯形成。"他们之所以在人格上存在这样、那样的缺点，实际上还是因为没有养成好习惯。

三、良好习惯是健康人格之基础

自古以来，很多学者都认为人格与习惯紧密相关。比如，明代的王廷相认为"凡人之性成于习"，清代王夫之也提出"习成而性与成"。有很多学者研究人格时，也直接使用习惯作为基础概念对人格的内涵进行界定。习惯所体现出来的人格中自动化的、稳定的行为方式和特征，是组成人格特质的重要基础。习惯是人格特质的重要表征之一。

中国青少年研究中心少年儿童行为习惯与人格的关系研究课题组在北京11所小学的教育实验也表明，某些良好习惯的养成对某些人格特质有促进作用，这些良好习惯的积累、整合和升华，必将对少年儿童健全人格的发展和形成产生重大影响，为少年儿童身心的全面发展奠定坚实的基础。良好习惯，是健康人格的基础和外在标志；健康人格，是良好习惯的升华和结晶。而家长养育孩子，不仅仅是为了孩子成才，更是为了孩子成人。培养孩子养成良好习惯，能有效地促进其人格结构的优化，改变某些不良的人格倾向，使其成为全面和谐发展的人。

四、培养习惯要以培养健康人格为目的

习惯与人格的关系密切，但是不是一个人具有良好习惯，他（她）就一定具有健康人格呢？不一定。举个简单的例子，每年都有一些重点大学的学生轻生，他们可能有着各种各样的良好习惯，如会学习、讲究卫生、坚持锻炼身体等，但他们之所以走上自杀的道路则是他（她）的价值观、人生观在起作用，是因为他们在人格上存在缺陷。

由此可知，不能简单地认为一个人习惯好，其人格就一定健康。反过来也

是如此，很多人格高尚的人身上也存在这样、那样不好的习惯。习惯比人格更为具体，它是人格的基础之一，比人格低一个层次。一个人养成了良好习惯，不一定就具备了健康人格。教育专家孙云晓在接受《光明日报》记者采访时曾说："培养孩子的良好习惯应当是人格化的，而非技能性的。"也就是说，培养学生养成良好习惯，必须将培养健康人格放在根本目的的位置上，否则，即使养成良好习惯，其人格仍然可能存在缺陷。

第七节　养成教育与人的素养

一、素养

有一个故事，说的是某幼儿园招聘老师，只有一个名额，报名者众多，竞争十分激烈。考试时，大家都匆忙赶往考场，谁都没有注意楼梯口附近有个正在哭泣的孩子。只有一个并不出众的女孩儿走过去安抚这个小孩儿，带着他走进考场。最后，这个女孩儿被录取了，因为她对小孩子有一颗爱心，具备当一名幼儿园老师的基本素养。

素养是什么？

素养是人的基本品质，是在人的先天生理基础上，经过后天环境和教育的影响，由知识内化而形成的相对稳定的心理品质，包括人的思想、知识、身体、心理素养，等等。

素养不是天生的，它是教化的结果，是可以培养、造就和提高的。素养基础的形成主要在幼儿园和中小学阶段。

二、习惯与素养

习惯与素养一样，都是人的第二天性，即稳定的、长期起作用的品质。在一定意义上来说，习惯就是素养，素养形成的过程往往是良好习惯形成的过程，而素养总会顽强地通过习惯表现出来。良好的行为习惯是人的能力和素养的生长点，能为人实现全面发展和成功提供支撑性平台。

少年儿童是整个社会成员的重要组成部分，是成长中的小公民。少年儿童素养的发展状况，将直接关系到新一代国民的水平。素养教育的核心是培育健康人格，而健康人格必然以一系列优良素养为基础。从培养良好习惯入手，是对少年儿童进行素养教育的最佳途径。

三、提高学生的三大素养

学生的教育不仅仅是学校的事，家庭也是帮助学生培养良好习惯、提高素养的重要环境。在小学阶段，学生一天中的很大一部分时间都在家里度过，家长要着重注意提高他们三大方面的素养：

1. 道德素养

如培养学生尊敬长辈、孝敬家长、听从长辈教导、帮助家长理家的素养，等等。

2. 审美素养

如指导学生欣赏自然美、艺术美、社会美，等等。

3. 生活素养

如培养学生劳动的素养，指导他们用好闲暇时间，提高人际交往的能力，学会接受现代传媒，等等。

第八节　养成教育的途径

养成教育是一个系统工程，主要通过学校教育、家庭教育和社会教育三种途径实现。

实施养成教育，各种教育途径必须要协调一致，要做到学校内部一致，家庭内部一致，家庭教育与学校教育一致，学校、家庭与社会教育一致。否则，大家各往各的方向用力，只会落得劳而无功的下场。这就好比几匹马拉马车，如果都朝一个方向用劲，马车就会跑得飞快；如果几匹马各朝各的方向用力，马车很可能会原地不动，甚至会发生倒退的情况。

在这三种途径中，学校是专门的教育机构，有专门的教育工作者，作为养成教育的"龙头"最合适不过。而以学校为龙头，学校主动与家庭、社会相联系，建立起一个教育网络，是一个较为理想的模式。

此外，我们也不能忽视学生的自我教育。学生一旦学会了自我教育，既能不断深化自我认识、自我体验，还能训练和发展出良好的意志力，这对学生的习惯养成是很重要的。

第九节　养成教育的方法

养成教育是一项长期而复杂的工作，培养任何一种良好的习惯，都需要科学的方法，才能更快地达到目的。关于养成教育的方法，近年来，很多教育专家和研究机构都对此进行了细致的研究，成果颇丰，介绍习惯养成方法的书籍也层出不穷。这里主要参考关鸿羽教授以及中国青少年研究中心少年儿童行为习惯与人格的关系研究课题组的研究成果，整理出养成教育常用的十五种方法，供大家参考。

一、突破法

1. 解释
针灸时，医师如果没有摸准穴位就随便给人扎针，不仅无法得到好的治疗效果，反而可能给病人增加痛苦。习惯养成的过程中，"突破口"如同针灸中的穴位，找准了它，好习惯的养成指日可待。

2. 原则
用孩子的长处作为"突破口"是一个很重要的原则。每个人都是独立的个体，其年龄、成长环境、心理特点、性格等千差万别，其感兴趣的"点"也不一样，突破口也就有所区别。

有一位妈妈，她的儿子不喜欢阅读，却对足球着迷。为了培养儿子的阅读兴趣，这位妈妈想了很多办法也不奏效，童话书、科普书、侦探小说等买了一大堆，儿子就是没兴趣。后来，她改变了策略，硬着头皮陪儿子看足球世界杯赛，和儿子侃球星，还特地给儿子买了一本《罗纳尔多传》，儿子看到这书，眼前一亮，开始了阅读。

她又精心为儿子准备了足球明星传说、足球文化等书籍，儿子接受了阅读，渐渐又拓展了知识面，眼界日益丰富起来。

这位妈妈后来采取的办法很高明。孩子的兴趣点就是他的长处所在，足球能让他兴奋，自然而然就成了"突破口"。

每个人的性格、兴趣都不一样，找到了他们的兴趣和长处所在，帮助其扬长避短，养成种种有益的习惯。

3. 操作方法

（1）帮助孩子了解自己。这一点非常重要，如果孩子对自己没有一个全面的认识，很难找到一个很好的"突破口"。让孩子了解自己的一个重要方法就是明确其优势，扬长避短。

（2）家长要给孩子适当的建议。家长在对孩子全面、正确的认识的基础上，给出合理的建议，既然是建议，就要放下架子，用商量的语气跟孩子讨论。

（3）辅之以必要的训练。习惯养成毕竟是具体行为的体现，需要进行必要的训练和强制。家长的作用是监督和提醒。

二、榜样法

1. 解释

教育家乌申斯基说："榜样对儿童的心灵是一股有益的阳光。"每一个成长中的人，都需要好朋友。青少年要培养好的习惯，榜样是一种不可缺少的力量。尤其是同龄群体的影响力更不容小视。

心理学中把"个体有时会通过特别的心理动机，有选择性地吸收、模仿某些特殊的人或物"称为"仿同"作用，个体仿同是一种吸收或顺从另外一个人或团体的态度、行为的倾向。青少年常常会模仿身边同龄朋友的言行举止，因为他们的生活环境相似。

2. 原则

人们常说"近朱者赤，近墨者黑"，既然是选择榜样，是不是一定要"择优为邻"，找那些各方面表现都很优异的人？

其实未必。孩子身边的伙伴中，哪怕身上有一点值得学习的地方，如学习特别认真、特别守时、很有礼貌、遵守交通规则等，都可以成为孩子的好榜样。如果刻意寻找那些最优秀的同龄人，由于目标太高，反而不利于孩子的进步。

因此，选择适合孩子的高度目标，应当成为运用榜样法的一个重要原则。

3. 操作方法

家长常常担心孩子交到坏朋友，怎样才能把握好交朋友的"度"，帮孩子找到合适的榜样呢？

（1）了解自己的孩子，根据孩子的情况选择朋友。首先，要对孩子的具体情况进行分析，如有什么优点和不足、需要在哪些方面有所提升等。比如，觉得孩子在清洁卫生方面有待改进，不妨尝试让他（她）交一些卫生习惯很好的朋友。然后，再根据孩子的兴趣爱好选择朋友。比如，孩子喜欢阅读，不妨让他（她）与那些同样具有阅读兴趣的伙伴多交往。此外，很重要的一点是了解对方的情况。条件允许的话可以了解一下对方的家庭背景。家庭环境对于一个人的影响非常重要。

（2）家长和孩子要多沟通。一般情况下，家长不会轻易反对孩子的正常交往，但家长总是希望孩子与"好孩子"多交往。如果家长不喜欢孩子的朋友，应该怎么办呢？

结合教育专家王宝祥的分析，通常家长眼里的"坏孩子"，可以分为这几类：一是学习不好但没什么品质问题；二是学习不好又有一些不太守纪律的行为；三是学习、纪律都不好，还有一些劣迹；四是劣迹行为严重甚至有违法行为。对于前两类，不能说是"坏"，只是有缺点或错误。后两类相对严重一些，但与成年人的"坏"还有区别。

此时，家长不应过多干涉孩子的交往，最好见见孩子的朋友，了解之后再做判断，结合具体情况指导孩子的行为。

（3）为孩子规定一些行为原则。孩子判断是非的能力还有限，而家长又不可能一直陪伴在他们身边。所以，有必要告诉他们和朋友在一起的时候什么事情可以做，什么事情最好不做，什么事情坚决不能做。

三、体验法

1. 解释

体验，就是让孩子通过亲身实践来认识周围的事物。体验在孩子的成长中占据着重要位置。在养成教育中融入体验的元素，有助于孩子更好、更深刻地体会习惯养成的重要性，丰富内心世界，改变行为习惯。

2. 原则

"不让他人代劳"是一项重要原则。家长常常不由自主地为孩子承担了太多，虽然是出于好心，却无意中剥夺了孩子体验的权利。美国有一个家教原则叫"二十码法则"，尊重孩子的独立倾向，与其至少保持二十码的距离。这也符合让孩子在体验中养成好习惯的原则。

3. 操作方法

（1）确定目标。这是培养好习惯的第一步。凡事预则立，不预则废。有了目标，孩子才能更快地走向实际行动。

（2）自己的事情自己做。孩子的事情就让他（她）自己去做。家长或者他（她）人代替他做，表面上看是帮了孩子的忙，实际是害了孩子。家长能帮孩子一时，能帮一世吗？

（3）体验好习惯带来的愉悦。良好习惯会给人带来好处，当孩子自己体验到这种好处，会更加明白养成好习惯的重要性。

（4）牢记不良习惯带来的麻烦。当孩子深陷不良习惯的麻烦而无人解救时，会强烈地意识到自己需要养成好习惯。这样他会自觉、自动地去改变。

四、情绪疏导法

1. 解释

萧伯纳说："人们总是责怪环境造成自己的困境，我不相信环境。人们出生在这世上，都在寻找自己所需要的环境。如果找不到，就应当自己去创造。"孩子一天天长大，心理变化日新月异，情绪问题常常干扰养成教育的正常进程，影响孩子的前进。孩子的情绪好，教育就容易进行。因此，帮孩子做好情绪疏导，使其保持健康的、积极的心理状态，很有必要。

2. 原则

抛弃不良情绪，保持积极心态。

3. 操作方法

（1）帮助孩子进行自我归纳，发掘和识别自己已经形成的价值观，归纳自己对外界事物和现象的理解与判断。

（2）帮助孩子识别认知上的错误，针对孩子不合理的、夸张的想法，可以进行质疑。

（3）发现认知错误后，用新的、合理的思想予以代替。

（4）在对错误认知进行驳斥的同时，要消除孩子认为自己是别人注意中心的想法。

五、反复训练法

1. 解释

严格要求，反复训练是形成良好习惯的最基本的方法，这也是关鸿羽教授最为重视的方法。他认为古今中外的教育家都强调训练的重要性，是因为训练可以使机体和环境之间形成稳固的条件反射。实践证明，真正的教育不在于说教，而在于训练。如果只停留在口头，习惯培养一定没有真正的生命力。只有反复训练才能形成自然的、一贯的、稳定的动力定型，这是由人的生理机制决定的。

2. 原则

（1）以兴趣调动训练的积极性。"苦练"与"趣练"相结合，如通过游戏、活动、竞赛、绘画等途径，不断变换形式进行训练。

（2）训练必须严而又严。好的习惯往往需要较长的时间进行巩固，不可能一蹴而就。严格的训练要避免情绪化。确定标准之后，就要严格遵守，不能放松。

（3）训练必须持之以恒。习惯培养是一个持之以恒的过程。如果不坚持，今天训练，明天放假，行为就难以变成自动化的习惯。行为训练要抓反复，反复抓。培养习惯是一个长期工程。夸美纽斯说过："一切存在美的东西其本性都是在娇弱的时候容易屈服，容易形成，但是到了长硬以后就不容易改变了。"一定要克服懒惰情绪和畏难情绪。

3. 操作方法

（1）目标明确，要求具体。比如，使用文明礼貌用语时，说"谢谢"二字，看起来很简单，要注意的细节其实很多。第一，说"谢谢"时必须诚心诚意，发自内心，要让人听起来不做作，不生硬，不是为应付人家，而是真心实意地感谢人家，只有真心才能使"谢谢"二字富有感情；第二，说"谢谢"时要认真、自然，要让人听清楚，不要含含糊糊，不好意思，更不要轻描淡写地凑合，好像不太情愿、应付差事；第三，说"谢谢"时要注意对方的反应，如果对方很高兴就是达到目的了，如果对方对你的致谢莫名其妙，就要说清谢人家的原因，以使对方感到你的真情实意；第四，说"谢谢"时要用整个身体说，除了嘴里说以外，头部要轻轻地点一下，眼睛要注视着对方，而且要伴以适度的微笑。

（2）层次分明。各个年龄段掌握良好习惯的要求不同。比如，养成"文明乘车"的习惯时，最好是先训练上车主动买票，乘车时不向窗外扔杂物、不把头伸出车厢外等较为基础的要求，然后再进一步要求主动为乘客让座、为乘客传票等更多的方面。

（3）及时检查。检查和评价必须坚持经常性。

六、层次目标法

1. 解释

人的发展不是一蹴而就的，必须一个阶段一个阶段地上升、进步，是有层次的，分阶梯的。养成教育同样如此。

中国科学院心理研究所张梅玲研究员认为：不同习惯之间不能机械地用年龄划分开，比如，几岁到几岁培养学习习惯，几岁到几岁培养做人习惯，只能说根据孩子的年龄特点和心理发展特点，在不同年龄阶段要有不同的要求，在要求、水平、层次上要有差异。

2. 原则

关鸿羽教授结合青少年的年龄特点和性格特征提出了以下建议。

（1）运用"循环说"理论。行为习惯的形成需要长时间的循环反复，呈螺旋上升趋势。低年级训练过的，到了中高年级仍然要经常重复训练，否则很难巩固。

（2）运用"阶段说"理论。每种习惯的形成有不同的关键期，小学低、中、高年级有各自的训练重点，可以抓住每种习惯形成的关键期进行教育。在不同的年龄阶段，要选择适合本年龄阶段的习惯进行培养，不能心急。

（3）运用"中心扩散说"理论。行为习惯是一个复杂的体系，要把所有的行为习惯都在短时间内培养好是不可能的。因此，在培养孩子的习惯时，就要抓重点习惯进行培养。重点习惯培养好了，还可以带动其他好习惯的形成。

3. 操作方法

（1）了解孩子的成长规律。习惯培养要讲究科学性，一定要考虑孩子的年龄特点，依据身心发展规律培养好习惯。

（2）分层次确定目标。同样一个习惯，对处于不同年龄、不同心理阶段的孩子，要求是有层次的，必须与其特点相符，孩子才会接受并执行。

（3）目标分解要具体。把大目标分解成小目标，把远目标变成近目标，把模糊的目标变成具体的目标。

七、行为契约法

1. 解释

为了帮助孩子养成好习惯，家长常常扮演监督者、唠叨者的角色，这会令孩子反感，甚至引发孩子情绪上的抵触。此时，最好的办法是家长和孩子都平心静气，坐下来好好谈一谈，试试行为契约法。这里所说的行为契约是针对家长和孩子双方的，是家长和孩子经过谈判，共同协商而形成的一种对双方行为都有约束力的书面约定。家长的目的是改变孩子，帮助孩子养成好习惯；孩子的目的是改变家长唠叨和啰唆的现状，使其不再过于监视、唠叨自己。双方都想改变对方，一方的行为改变就充当了另一方的行为改变的催化剂。如果家长和孩子中有一方出现没有执行约定的行为，就可能导致另一方也不执行协议，从而导致整个行为契约法的失败。

行为契约是养成教育中有效改善亲子关系的润滑剂，有助于建立亲子之间相互尊重、相互信任、平等待人的人格关系。

2. 原则

确立正式的、具有约束力的契约条款，是运用好行为契约法的首要条件和重要保障。行为契约条款的确立，要遵循彼此尊重、相互制约、要求详细的原则，最好以书面形式出现，涉及的成员应人手一份。行为契约作为一种教育方法意义上的"君子协议"，虽不像法律条款那样严格、正规，但对家长和孩子都具有约束力，可避免口说无凭和随意更改。

家长和孩子要共同保持和维护行为契约的约束性，不断以自己的良好行为强化对方的良好行为，最终双方都养成良好的习惯。

3. 操作方法

根据少年儿童行为习惯与人格关系研究课题组的研究，一个行为契约由如下五个基本部分组成：

（1）确定目标行为。行为契约的目标可以是减少不适宜或不良行为，也可以是增加适宜或良好行为，或者两者兼有。目标行为必须是客观的、可操作的，不能含义模糊，有待推论。

（2）规定确认目标行为的方法。既然签约双方要对目标行为相互监督，那么目标行为出现或者没出现，就要有一个双方都认同的检测方法。常见的方法有直接观察的行为文件（如作业本）和固定的行为产物。

（3）确定行为契约的有效期。对于较难形成或较难改变的习惯，最好确定一个相对较长的有效期，并在有效期内划分出几个较短的考察期，每个考察期都制定相对具体的考察目标，每一目标的要求逐级递增，不要忽高忽低，以免在执行过程中无所适从。

（4）确定强化和惩罚的跟随条件。签约者执行的是适宜行为，应得到契约中明确规定的强化；如果是不适宜行为，契约中也要明确惩罚后果。

（5）契约双方签字。双方签字有利于孩子建立起"家长与我平等"的观念，有利于行为契约的顺利执行。

八、刺激控制法

1. 解释

环境是一种刺激，不同的刺激能使孩子产生不同的行为。控制住这种刺激，也就控制了孩子的行为。"孟母三迁"，实际上就是看到了环境对孩子行为的影响而实施的一种刺激控制。

这种从源头上控制习惯形成因素的培养方法，就叫作刺激控制法，也可以叫作环境改变法。

2. 原则

对孩子来说，最好是"自控"和"他控"相结合。因为青少年已经有一定的自我控制能力，"自控"能更多地调动起孩子自身的力量。而"他控"则能使孩子在需要帮助的时候得到必要的支援。

3. 操作方法

具体来说，刺激控制法有六种操作方法。《儿童教育就是培养好习惯》中介绍得很详细：

（1）呈现期望行为的刺激线索。期望行为没有出现的原因之一可能是这个行为的刺激线索没有在环境中出现。当考虑用刺激控制法增加期望的适宜行为时，要仔细分析有哪些对这种行为产生刺激作用的线索或者条件可以利用。通过呈现这种行为的线索，孩子出现期望行为的概率就会大大增加。

（2）为期望行为安排效果建立。建立一种效果就是使一种刺激对行为的产生具有强化作用。这样，当一种效果建立呈现的时候，因这种刺激而产生的行为就会受到强化。使期望行为更易发生的方法之一就是为行为的结果安排效果建立。

（3）减少期望行为的反应难度。反应难度小的行为比反应难度大的行为更容易发生，可以利用行为发生这一规律，为期望行为降低反应难度。

（4）消除非期望行为的刺激线索。举个例子，孩子特别喜欢看电视而不愿意写作业，因为家里有电视这个刺激线索，让孩子做到不看电视是有很大难度的。如果换个环境，带着孩子到图书馆或者自习室写作业，孩子缺少了电视这个刺激线索，要做到不看电视就不像之前那样困难了。

（5）消除非期望行为的效果建立。如果非期望行为的结果得不到强化物，人们就不大会从事这一行为。因此，消除非期望行为的效果建立，可以减少它发生的概率。

（6）增加非期望行为的反应难度。避难就易是人类行为的普遍法则。如果非期望行为的反应难度加大，孩子就不大愿意费力去做。

九、家长言传身教法

1. 解释

苏联教育家克鲁普斯卡娅说过："家长是天然的教师。"家长的言传身教，对孩子是一种潜移默化的教育。"欲教子先正其身。"孩子善于模仿，模仿产生的效果好坏，取决于他所模仿的对象是怎样的。而家长正是孩子天然绝佳的模仿对象，家长的习惯不好，想让孩子养成好习惯是很难的。

2. 原则

家长的言传身教，是让孩子学习家长身上的优良品质，培养出更好的习惯。家长不是圣人，不可能完美无缺。因此，要注重对家长良好行为的模仿和发扬，对家长不好的行为则要摒弃。

3. 操作方法

对于习惯培养来说，身教大于言传。因为习惯大多是在琐碎小事和日常生活中培养的。家长给孩子树立一个好榜样，就是对孩子进行无声的习惯培养。家长一个坏的行为，可能会让孩子养成坏习惯。家长无论有意无意，都必然会起到示范作用，不论是正面的，还是负面的，这种榜样都是孩子不可抗拒的。

（1）家长要注意自己言谈举止的影响，提高自身的修养。

（2）凡是要求孩子做到的，请家长首先做到。家长说话不要太随便，要注意影响。

（3）凡是孩子提出的合理的意见或建议，家长要虚心接纳，并及时改正。

十、家庭环境熏陶法

1. 解释

家庭环境熏陶法就是在家庭生活中，长年累月、潜移默化地熏陶孩子，使孩子养成良好的习惯，形成良好的情感，是一种以隐形教育为主的间接教育法。良好的家庭环境涵盖家庭意识、家庭行为、家庭物质三大方面的内容。

（1）家庭意识。就是家庭各成员的道德观念、理想观念、价值取向、审美情趣等。通俗地说，就是一个家庭的家风。

（2）家庭行为。包括家庭各成员间的活动及行为。不仅是家长教育孩子的行为，还包括家庭成员进行的活动，如文艺、体育、学习、娱乐、卫生保健、家务劳动等；也包括家庭中自己规定的行为原则，如家法、家规等。

（3）家庭物质。主要反映家庭生活环境、消费趋向、经济状况等，包括经济收入、支出、衣食住行等。

也有社会学家们将家庭环境分为实物环境、语言环境、心理环境和人际环境。实物环境是指家庭中实物的摆设；语言环境是指家庭成员间用语是否文明礼貌，民主平等，具有协商性；心理环境是指家长与子女之间的态度及情感交流的状态；人际环境是指家庭成员间的相互交往关系，如是否做到尊老爱幼、各尽其责等。

2. 原则

颜之推说："潜移默化，自然似之。"不知不觉、悄悄地、一点一滴渗透的教育是最厉害的教育。"与善人居，如入芝兰之室，久而自芳也；与恶人居，如入鲍鱼之肆，久而自臭也。"

良好的家庭环境应该具有这样一些特点：有高尚的精神情趣；有浓厚的学习气氛；有团结、和谐、平等的家庭关系；有良好的家长教养态度；有严格的生活制度；有勤俭朴素的生活作风和干净、整洁的家庭环境，等等。

3. 操作方法

（1）物质环境熏陶。物质环境并不要求家里陈设豪华，而是指在现有条件下，使居室整洁、卫生、美观、井井有条，这对提高家人的精神面貌也有利。过分注重物质环境，缺乏良好的精神环境，对孩子的成长有弊无益。

（2）精神环境熏陶。家庭的生活方式和文化氛围是构成家风的重要方面。家风作为一种综合的教育力量，是思想作风、生活习惯、情感、态度、精神、情趣以及其他心理因素等多种成分的综合体。正如法国教育家卢梭所说："生活本身就是一种教育。"

十一、代币法

1. 解释

行为学认为，每当孩子出现适宜行为，教育者若能及时给予肯定或奖励，他（她）发生这种行为的概率就会大大增强。但是，如果孩子的每一次、每一个好行为都得到奖励的话，教育者就会应接不暇。于是，行为科学就采用筹码制度解决这个难题。这种筹码（即"代币"）就像电子游乐场用来代替硬币的铜板，孩子每一次好行为都可以得到一枚"代币"，当"代币"积累到一定数目就可以换取某种奖励，这就是代币法。

好行为可以"购买"奖励，有利于刺激孩子保持良好行为的积极性，使良好行为的持续出现成为可能，最终导致良好行为习惯的养成。对于孩子而言，物质的刺激和奖励虽然不是最终的目的，但它在一定的阶段却能成为一种值得利用的动力。

2. 原则

（1）"代币"的选择要适宜。最好选择具有象征意义的实物。

（2）奖励不可过于突出物质形式。初期可以采用一些物质奖励，越到后期，越要注重精神奖励的强化。如果孩子为了得到奖励而追求"代币"，代币法就会失去意义。

3. 操作方法

代币法是少年儿童行为习惯与人格的关系研究课题组提出的一种重要方法，课题组提出使用代币法的操作程序如下：

（1）明确目标行为。使用代币法，要处理好短期目标和长期目标的关系。短期目标是把目标先定为一个或几个好行为，然后让这些好行为产生拉动作用，最后实现长期目标。对短期目标的表述要有明确的界定，不能使用含糊的词语，如，我们要避免说"晚上不能太晚睡觉"，而说"晚上九点按时睡觉"。

（2）建立基数。一般以"天""周""旬""月"为单位计量行为次数。习惯所培养的是长期行为，而不是短期行为，孩子年龄越大，自制力越强，一般以"周"为累计单位比较合适。

（3）确定"代币"。"代币"是具有象征意义的实物，要让孩子明白"代币"所代表的价值，而且确实对其有吸引力。"代币"用起来要方便、及时，一般可以用计数、计点、铜板、花纹印章、小红花、小帖纸、扑克牌、塑料棋子等来记载。由于"代币"是生活中常见的一些标志性小物品，很容易仿制出来，有些孩子可能耍小聪明，自己窝藏或模仿这些"代币"来冒充。因此，家长要实行必要的监督。

（4）确定奖励。孩子用"代币"换取或者说支付、购买什么样的奖励（通常我们把这称作"后援强化物"），要在保障安全、健康的前提下，根据孩子的喜好进行选择。先用物质奖励，再用精神奖励，待孩子表现自然、正常以后可尝试逐渐撤销奖励。

（5）结束训练。用代币法建立了一个理想的行为习惯之后，就可以自然而然地结束训练。如果希望建立其他行为习惯，还可以把代币法用到下一个行为训练之中。至于具体的方式可以结合现有的经验进行改进。

十二、以好代坏法

1. 解释

在青少年时期，养成一个坏习惯，与养成一个好习惯一样容易；但是要破除一个坏习惯，则要比养成坏习惯难得多。以好代坏法，就是从正面避开坏习惯，由反面入手，培养一种新的好习惯，逐渐取代坏习惯。

2. 原则

破除坏习惯的要诀是代之以良好习惯。

3. 操作方法

（1）事不宜迟。想改变习惯而又一再地拖延，孩子只会更加害怕失败。最好的选择就是"事不宜迟"，立即采取措施。

（2）找个替代品。有两种好习惯特别有助于戒除大部分的坏习惯。第一种是采用一个有营养和调节得宜的食谱。情绪不稳定使人更依赖坏习惯所带来的"慰藉"，防止因不良饮食习惯而造成的血糖时升时降，有助于稳定情绪。第二种是经常做适度运动。这不仅能促进身体健康，也会刺激脑啡——脑内一种天然类吗啡化学物质的产生。科学研究指出，人缓步跑时感受到自然产生的"奔跑快感"，全是脑啡的作用。

（3）利用目标的"吸引力"。拟定目标要切合实际，善于利用目标的"吸引力"。如果目标太大，就把它化整为零。孩子达成一项小目标时不妨奖励一下，借以加强目标的吸引力。

（4）成功值得奖励，失败未必惩罚。要告诉孩子，在改变习惯的时候如果偶然发生失误，不要自责甚至放弃。一次失误不见得是故态复萌。避免重染旧习比最初戒掉时更困难。如果孩子能够把新形象维持得越久，就越有把握不重蹈覆辙。

十三、家校合作法

1. 解释

养成教育要取得良好效果，学校、家庭必须达成"共振"。否则，不但会出现"5+2＝0"的情况，甚至会引发负效应。家长如果能与学校主动沟通合作，是最好不过的。

2. 原则

注重协调，并形成教育合力。

3. 操作方法

家长该怎样主动和学校沟通呢？

北京市教育科学研究院冉乃彦研究员给家长提出了一些有用的建议：

（1）主动联系。家长往往认为教师很忙，如果总是和教师联系，教师会因为工作繁忙而没有时间接待，或者感觉被打扰。其实，教师的主要任务就是教育学生，如果家长主动与教师联系，教师会感到非常高兴。因为通过沟通，会更方便教师了解学生的全面情况。一个班主任整天要面对几十名学生，任务很重，不要说是家访，就是给每位学生家长打电话，也要耗费好多时间。家长与教师沟通，重要的是把学生在生活、学习、发展中出现的问题反馈给教师，及时与教师交流，或者了解学生在学校里的情况，及时与教师配合，或者获得教师的有效配合。

（2）经常联系。家长千万不要忽视针对学生的点滴进步与教师交流，更不要等问题攒成堆了再和教师联系。平时，学生的发展是一种平稳的量变过程，但是质变就孕育其中。要想发现微小的变化，抓住闪光点，在萌芽状态时实施教育以取得事半功倍的效果，就必须与教师经常联系。

如果可能，家长最好能够与教师定期保持联系。这样，每一次联系就会变得越来越简单，时间短而且有效果。由于经常联系，不必每次都介绍前面的情况，可以突出主题，只交流新情况，并研究新措施。经常联系，还可以使双方增进了解，促进友谊。很多家长在和教师的交往过程中，成为很要好的朋友。

（3）适时、适度联系。家长与教师沟通的频率，可以根据学生的情况定，但也要尊重教师的意见。一般一周或两周联系一次就可以了。如果联系过密，会给教师增加负担。而联系过疏，则不容易了解学生的情况。

家长与教师的联系方式，一般可以通过电话进行。何时打电话，要根据教师的工作和生活规律来定。如果是课间十分钟打电话，教师急着准备上课，匆忙说两句，效果肯定不好。最好打通电话后先询问："我现在准备和您交谈几分钟，您看方便吗？"家长也可以与教师商量一个固定的时间。

与教师交流的时候，家长要有所准备，尽量避免东拉西扯，最好直奔主题。家长不要光顾着自己说，还要注意听教师的意见，不仅要询问学生在学校的情况，还要提出自己的想法，同时也要征求教师的建议。

（4）对交流内容要进行教育性地加工，化消极为积极。双方交流的内容，家长切记不要简单地、直接地传达给学生。有些内容只是教育者了解就可以。必须让学生知道的，也不要给学生一种"告状"的感觉。比如，教师提到学生最近上课走神，家长就应该对这个信息进行加工，对学生讲："老师真关心你，他（她）发现你最近上课有时走神儿，可为你着急了。老师觉得你从来都是专心听讲的，是不是没休息好？"

（5）如果出现了误解，解决的原则是——有利于学生健康成长。教师也不是神仙，难免出现失误，比如，教师误解了学生，或者解决问题的方法不当。这时，家长首先要做到诚恳地承认并重视学生自身确实存在的缺点，而不是急于强调学生的优点；二要在理解教师的基础上看问题；三要摆出事实，语言委婉但观点鲜明地提出自己的看法；四要给教师改正失误的余地。

在沟通之后，家长还要注意和教师密切配合，对学生进行教育。在配合方面，徐颖老师在《家庭和学校要产生共振》中提出了两方面的注意事项：

（1）教育标准的统一。如果家长与教师的教育标准不统一，教师教一套，家长说另一套，就会在学生的心理上造成混乱，从而影响学生健全人格的形成和发展。家长与教师协同一致，共同为学生建立良好的行为规范，并将其深入学生的心灵深处，就会潜移默化地影响学生的一辈子。

（2）教育方法的一致。这就要求家长和教师的教育方法统一，要做到因人而异、因材施教、对症下药。家长不仅应及时了解学校教育的要求、内容和学生在学校的表现，而且要经常与教师沟通、交流，共同商讨教育学生的措施和方法，做到密切配合。

十四、家庭会议法

1. 解释

美国作家西奥多·德莱塞说："和睦的家庭空气是世上的一种花朵，没有东西比它更温柔，没有东西比它更优美，没有东西比它更适宜于把一家人的天性培养得更坚强、正直。"良好的家庭氛围，需要有良好的沟通。家庭会议不仅是实现良好沟通的重要手段，而且能调动全体家庭成员的力量，使学生的习惯培养变得更为顺利。

2. 原则

召开家庭会议要求不流于形式。

3. 操作方法

（1）确定家庭会议的周期。家庭会议要定期召开。条件允许的话，最好一个星期一次，也可以半个月一次或者一个月一次，最好不要超过一个月，否则很难养成习惯。

（2）确定家庭会议的主持人。主持人可以是固定的，也可以是轮流当主持人，每个家庭成员都有机会。主持人负责在共同制定的时间里召集所有家庭成员开会。

（3）要努力说出自己的想法。家庭会议的气氛应该是诚挚、民主、轻松的，如果因为有长辈在场就不敢说出自己的想法，家庭会议也就失去了原本的意义。

（4）要仔细听取家长的意见。家长往往具有更多的生活经验，他们绝大多数是从为孩子们好的角度思考问题。尤其是在习惯培养上，家长能看清孩子们身上的优、缺点，提出的意见通常是中肯的。

（5）做好会议记录。最好由专人进行会议记录，记录的内容包括每次家庭会议召开的时间、地点、参加人员、谈论议题、主要发言及讨论结果等。

十五、持之以恒法

1. 解释

习惯不是随随便便就能养成的，必须有持之以恒的决心作为基础。真正有意义的事情绝不是一蹴而就的，要想成功就一定要坚持，尤其是在最困难的时候。

2. 原则

持之以恒需要持久的坚持和意志力。意志是人的理想、信念、情感、需要的"合金"，坚强持久的意志便是毅力。

3. 操作方法

（1）明确目标。明确的目标是成功的必要条件。漫无目的地误打误撞，即使最后可能稀里糊涂地撞上幸运之门，也可能会因为抓不住机会，与成功失之交臂。

（2）持之以恒地练习。必要的、严格的、持久的训练是养成良好行为习惯的必经之路。

（3）正确看待前进路上的困难。任何好的行为习惯的养成都不会一帆风顺，总会有这样或那样的波折。最重要的是保持一颗乐观进取的平常心，而不是畏惧、退缩。

（4）暂时成功后仍要坚持。暂时的成功可能带来愉悦，也可能让人得意忘形。不能被阶段性的成绩或眼前一时的成功冲昏了头脑。

（5）及时总结。及时的总结和反省会成为继续前进的动力。经验和教训就是这样一点一滴积累起来的。一旦出现"三天打鱼，两天晒网"的怠惰倾向或行为，就要提醒自己保持清醒的头脑，及时转向。

第十节　养成教育在家庭教育中如何贯彻

晏婴有言："和氏之璧，井里璞耳；良工修之，则成国宝。"孩子也如同一块璞玉，需要精雕细琢。习惯是人生的主宰。养成好习惯，孩子才能成为宝玉。那么，家长在家庭中应该如何实施养成教育，才能使自己变成雕琢宝玉的良工之一呢？

一、尊重孩子的主体地位

按照联合国《儿童权利公约》的规定，儿童是权利的主体，从生下来开始，就具有和成年人相同的独立人格。在养成教育中，教育者是否尊重儿童的主体地位，影响着这一教育的成败。

1.孩子是主人不是奴隶

家长为了培养孩子养成好习惯，常常要求甚至命令孩子做这做那，或者不准甚至禁止孩子做这做那，孩子俨然是一个"小奴隶"。这样，孩子表面上看很听家长的话，实际上隐患多多。因为他们并没有真正意识到养成好习惯的重要性，而仅仅是因为惧怕家长的权威甚至是为了讨好家长而不得已去做的。

孩子不是习惯的奴隶，而是习惯的主人。每一个孩子都是独立的个体，有着和成年人平等的独立人格。既然是要培养孩子养成好习惯，那么，在养成教育中，孩子就应该始终处于主体地位。所以，家长要从内心深处明确孩子和自己是平等的。如此，父母可以帮助孩子，但不能取而代之。

2. 充分相信孩子的能力

孩子的能力是巨大的，他们完全可以通过接受教育，形成一系列良好的行为习惯和道德修养，从而使自身变得更为强大和优秀。但是，很多家长出于种种原因，如觉得孩子太小就事事替孩子包办，这样做实际是剥夺了孩子成长的权利。

具体怎么做呢？家长要尝试多看孩子的优点，少看孩子的缺点，相信他能够做得很好，要和孩子保持一定的距离——当孩子遇到困难的时候，要等一等，不要急于出手帮忙，给孩子自己处理问题的空间；当孩子犯了错误的时候，也要等一等，不要急于作出评价，给孩子反思和改正错误的空间。总之，就是要让孩子多参与、多体验、多做决定。

3. 深入了解孩子，按照孩子的天性来培养习惯

俗话说："吃草的骆驼莫喂肉。"每个孩子都有自己的个性特点，不同的孩子不能用相同的方式来培养，必须具体情况具体分析。

家长首先要多观察、发现、熟悉并深入了解孩子的特点，才能根据孩子的生理和心理特点来确定养成教育的具体内容和目标，用适合孩子的方法帮助他们养成好习惯。

二、以身作则，身教比言传更重要

孩子具有很强的模仿能力，家长是孩子天然的榜样。家长以身作则，是对孩子最好的教育。家长怎么样，孩子也会学着怎么样。

1. 言传

家长常常以言教为首选，但他们似乎又有着"言教不当"的通病，即他们说话孩子不愿意听甚至根本就不听，有的孩子抵触情绪还很严重。为什么会这样呢？我们来看看上海市教育专家缪仁贤对家长与孩子谈话中存在的弊病所进行的分类。

（1）漫话。家长谈话内容不明确，往往信口开河，东拉西扯，漫无边际，泛泛而谈，语不中的，话不切题。结果，杂七杂八漫话三千，孩子听了不得要领，感到迷茫。

（2）老话。家长谈话习惯于老一套，老生常谈，强调重复。结果，孩子听得耳朵生茧子，只当"耳旁风"。

（3）大话。家长谈话喜欢高谈阔论，用大话说教，即使细小琐事，也是小题大做，上升到"理论"。孩子往往充耳不闻，口服心不服，甚至产生心理障碍。

（4）空话。家长不了解孩子的心理特点和思想实际，缺乏针对性，表扬言不由衷，批评没有依据，说理空洞无物。孩子听了生厌，效果自然是隔靴搔痒。

（5）训话。家长脾气暴躁，以权威的长辈姿势，居高临下，不顾孩子的自尊，主观武断，盛气凌人，声色俱厉，我讲你听，不准还嘴，生硬训诫孩子，甚至专揭孩子短处，常算旧账。孩子心理紧张，如同"受审"害怕家长；或是如履薄冰，小心谨慎；或是压抑心扉，自卑孤僻。

（6）气话。这种家长自制力差，有的出于"恨铁不成钢"，急躁冲动，生气动怒；有的将自身烦恼苦楚迁怒于子女，借此发泄怒气，轻率发"吼"，大动肝火，甚至辱骂孩子；有的家长用言语刺激孩子，讲出绝情的话，结果往往适得其反。

（7）脏话。这种家长文化修养不高，言语粗俗低级，满嘴脏话，不讲文明，这样的言教不仅收效甚微，而且会给孩子留下坏影响。

（8）长话。这种家长往往口若悬河，贪多求全，没完没了。有的家长更是整天唠叨，喋喋不休，饭桌上数落不停，床头边话语不断，孩子听着头疼，产生逆反心理。

漫话、老话、大话、空话、训话、气话、脏话、长话，很多家长每天都在重复说，却毫无意识。这样的言教，能不失败吗？

家长"钟情"于言教，究其原因还是希望能多和孩子沟通交流。但是，言教不当只会阻碍亲子沟通。因此，家长进行言教时要注意：

（1）说话前，等一等。不要急于开口，先好好想一想，问问自己：我有没有说的必要？我要说些什么？我的态度应该如何？

（2）深入浅出，生动形象。家长对孩子进行言教，一定要注意自己的语言，不要一上来就是干巴巴的大道理，枯燥无味的说教孩子怎么受得了？不妨换一种方式，结合日常生活，让孩子自己领悟其中的道理。

（3）说话算话，言出必行。家长说话要算话，言出必行。这样，孩子才会信服你。做不到的就不要说。

2. 身教

苏联著名教育家马卡连柯说："你们（家长）自身的行为在教育中具有决定意义。不要以为只有你们同孩子谈话，或教导孩子、命令孩子的时候才是在教育孩子。在你们生活的每一瞬间，甚至当你们不在家的时候，都在教育着孩子。"

言传固然重要，但身教比言传更加重要。身教是无声的，无声的教育更能深入孩子的内心世界。所以，在家庭中，家长做了什么，往往比说了什么更重要。因为你不经意的一个行为，便可能在孩子身上投下影子。因此，家长，包括与孩子一起生活的其他人，都要努力提高自身的行为素养。

（1）对自己严格要求，做言行一致，表里如一的人。

（2）多做实事，少说空话。

（3）注重小节。不以恶小而为之，不以善小而不为。

（4）有过必改。

三、营造良好的家庭环境

美国儿童教育专家多萝茜·洛·诺尔特说："如果一个孩子生活在批评之中，他就学会了谴责。如果一个孩子生活在敌意之中，他就学会了争斗。如果一个孩子生活在恐惧之中，他就学会了忧虑。如果一个孩子生活在讽刺之中，他就学会了害羞。"

良好的家庭环境是一种潜移默化的力量。前文讲到，良好的家庭环境包括好的家庭意识、家庭行为、家庭物质三大方面的内容，这里不再赘述。营造良好的家庭环境，需要每一个家庭成员共同付出努力。需要注意的是，一个良好的家庭环境，不一定需要华丽的装饰，却一定需要温暖的、质朴的、快乐的氛围。这样，孩子的内心才能始终处于一种美好的状态。养成教育也就如润物无声般使孩子发生悄悄地却是重大的变化。好的家庭环境，应该建立在家庭成员间平等、互信、互爱、互相依赖的基础上。英国教育家斯宾塞提醒："家长一般很少向孩子透露自己的内心世界，只习惯于做道貌岸然的训导者，但反过来却要求孩子向自己暴露一切。这种不平等的要求，当然不可能取得好的效果。"

四、明确要求，贵在坚持

孩子不能坚持按要求做，是令很多家长头痛的事。通常孩子不按照要求做，不是他真的做不到，更多的是不愿意去做，内心不服。孩子不做是其抗议的一种方式。其中的原因需要家长思考，什么样的要求才能让孩子坚持到底？

1. 合理的要求

这是第一位的，不合理的要求没有意义。很多家长恰恰忽略了这一点。那么，什么样的要求才是合理的？必须符合孩子的生理和心理特点，也就是说，一定要考虑孩子的年龄特点、心理特征和个性特点。

2. 具体的要求

过于抽象、空洞的要求会让孩子觉得迷茫，无所适从。比如，要求低年级的小学生养成认真预习的习惯，他们会觉得不知道怎么办，因为"认真预习"这个要求不够具体，而他们又不具备自己细化要求的能力。所以，提要求的时候就要具体化，如提出"阅读课文几遍、熟读生词几遍、完成几道习题"等具体的要求，要让孩子知道自己要做什么。

3. 有层次的要求

通俗一点说，分层次好比上楼，如果要一步从一楼上到六楼，除非有特异功能，一般人很难办到；但若是走台阶，一级一级地走，则很轻松就上去了。

养成教育中，给孩子提有层次的要求，等于是给孩子铺了一级级进步的台阶。分层次、序列化，仍然需要根据孩子的年龄、生理、心理以及能力、兴趣等各方面的因素综合考虑。

此外，家长对提出的要求一定要坚持，不能随意更改。否则，孩子不能坚持到底，不但没养成好习惯，反而可能养成做事半途而废的坏习惯。所以，家长的要求一旦提出，就不要收回，要坚持，而且要很明确地坚持。有的家长一看到孩子吃点苦就受不了，就想放弃，这也是很不好的。家长要学会对孩子的不当请求说"不"，让孩子努力坚持到底。

五、重视苗头，把握第一次

孩子生下来就像一张白纸，第一笔画上的是什么显然非常重要。在教育学上，孩子的第一次也非常重要。正如英国教育家洛克所言："教育上的错误正和错配了药一样，第一次弄错了，决不能借第二次、第三次去补救，它们的影响是终身洗刷不掉的。"养成教育中的第一次，同样为教育家所关注。我国教育家陈鹤琴就曾写下这样的文字："无论什么事，第一次做得好，第二次就容易做得好；第一次做错了，第二次也容易做错。儿童种种坏习惯，都是由于开始学的时候，他们的教师或家长没有留意去指导他们的缘故，以致后来一误再误，成为第二天性。所以，小孩子教得好，必定要在第一次的时候教得好。"

所以，对于第一次的动作，家长和教师要格外留意指导，以免错误。无论是好的第一次还是坏的第一次，都不应该被忽视。俗话说"小时偷针，大时偷金"，说的就是这个道理。孩子偶然出现一个很好的行为，如果没有人及时发现并鼓励，下次他可能就不会这样做了，这样原本可以养成一个好习惯的可能性就被掐灭了；孩子偶尔出现一个很不好的行为，如果没有人及时发现并制止，下次他可能就会作出更不好的行为，久而久之养成坏习惯就很难纠正了。

当然，家长也不要像"特务"一样时刻不停地盯着孩子不放，这样孩子会有一种被监视的感觉，可能当着家长是一套，背着家长是另一套，家长反倒不容易掌握孩子的真实情况了。

所以，最好的办法就是和孩子搞好关系，打成一片，在自然的状态下发现和了解孩子。

六、家庭内部保持一致性

教育家马卡连柯说："一个人不是由于部分因素的拼凑培养起来的，而是由他所受过的一切影响的总和综合地造就成功的。"要在家庭中成功实施养成教育，家庭内部保持一致性应是必不可少的一个环节。

那么，家庭内部如何保持一致性呢？

1. 家长要一致

家长"一个唱红脸，一个唱黑脸"，似乎是很多家庭教育解决孩子问题的

"法宝"。

这种方法到底怎样呢？在家庭教育中，家长还是保持一致的好。不然，一个这样说，一个那样说，孩子到底听谁的呢？时间久了，孩子就会寻找在"夹缝"中生存的办法，做个"两面人"。

家长要统一教育思想，即便有较大的分歧，也不要当着孩子的面发生争执。家长也不要在孩子面前说对方的坏话，而应把自己对对方的爱和维护表现给孩子看，不要让孩子觉得有空可钻。

2. 家长和祖辈要一致

祖辈出于对孩子的疼爱，常常会对孩子有求必应，甚至一些过分的要求也不例外。这样的溺爱有时会让孩子有恃无恐，因为家长不敢对祖辈说什么。这时候，家长和祖辈一致就显得非常重要了。这里主要是要统一教育思想，对孩子严格要求。

3. 整个家族的家风要一致

整个家族的风气也会影响到孩子。家族中有的长辈对孩子过于纵容和溺爱，会削弱小家庭对孩子的教育成果。所以，整个家族的家风要保持一致。

4. 教育过程中前后要一致

有的家长会犯心血来潮的毛病，高兴的时候对孩子特别宽容，不高兴的时候对孩子极其严厉。这样做会让孩子无所适从。因此，家长在教育过程前后要保持一贯的态度，别让孩子摸不着头脑。

七、讲究方法，具体情况具体对待

家长要具体分析孩子的特点和情况，找出最适合孩子和自己家庭的办法，而不是千篇一律，指望一个药方包治百病。那样只会把孩子"治"坏了。一个同样的习惯，对这个孩子可能用严格训练的方法比较合适，对别的孩子则可能需要慢慢引导。

家长要注意分析孩子的个性特点，结合这些因素来考虑培养孩子养成什么样的习惯合适。比如，有的孩子是左撇子，就不要强求他（她）用右手吃饭，反而可以针对孩子右脑发达的特点为他（她）安排一些活动。

对不同习惯的养成，家长要讲究不同的方法和策略。比如，有的适合严格训练，有的适合慢慢引导。总之，具体情况具体对待。

八、重视练习，不吝鼓励

养成良好的习惯，练习必不可少，其意义重大。英国教育家洛克曾说："儿童不是用规则教育就可以教育好的，规则总是被他们忘掉，你觉得他们有什么必须做的事，你便应该利用一切时机甚至在可能的时候创造时机给他们一种不可缺少的练习，使其在他们身上固定起来，这就可以使他们养成一种习惯，这种习惯一旦养成后，便不用借助记忆很容易地、很自然地发挥作用。"

练习使习惯的养成从口头的要求变成实际的操作，孩子经过一次比一次更熟悉的过程，慢慢就会养成习惯了。

在练习的过程中，家长不要吝惜表达自己的鼓励和赞扬之情，孩子需要这些。英国教育家斯宾塞说过："儿童需要激励，就如植物需要浇水一样。"英国哲学家罗素也认为："明智的表扬对孩子们的作用，如同阳光对于花朵。"

家长对孩子的鼓励和表扬应该是多方面、多形式的，最好不要仅停留在物质上的满足，有时一个眼神、一个拥抱、一个亲吻对孩子来说都是意义重大的。

九、必要时可实施惩罚，避免孩子随心所欲

惩罚作为一种教育手段，它的负面作用向来备受争议。但教育家们仍然坚持"没有惩罚的教育是不完整的教育"，可见惩罚还是必要的，关键是怎样实施惩罚。关于这个问题，可以参考前文所介绍过的内容。

当别的教育手段可以解决问题的时候，最好不使用惩罚。不得不实施惩罚时，也不要选择体罚的形式，因为正如苏霍姆林斯基所言："皮鞭不只会降低孩子的尊严，也会损毁孩子的心灵，会在他心灵中投入最阴郁、最卑鄙的阴影——畏缩、怯懦、仇视人类和虚伪。"

十、有始有终，避免虎头蛇尾

养成教育不是一朝一夕的事情，改掉坏习惯也不是一两天就能看到成果的，必须付出长期而艰巨的努力。家长一定要有耐心，不能才坚持一段时间，觉得没有什么成效就放弃了，这样"三天打鱼，两天晒网"，今后再实施养成教育只会更加困难。家长有始有终，孩子才不会虎头蛇尾。

第十一节　养成教育在学校教育中如何贯彻

美国教育家费恩说："习惯仿佛是一条缆绳，我们每日为它缠上一股新索，不要多久就会变得牢不可破。"学校教育是养成教育的重要途径，学校如何贯彻养成教育，帮助学生每日缠上一股新索，养成更多的好习惯？

一、充分发挥主导作用

前面说过，在养成教育中，学校起着"龙头"的作用。因为它是专业的教育机构，有着专业的教育资源，具备得天独厚的优势，"龙头"非学校莫属。

学校是一个教育的整体。一个人的学生时代，大部分时间都是在校园中度过的。而在学校，从管理者到教师乃至校工，他们的一言一行都是一种教育，甚至校园里的一花一木，都能影响到学生。这段时间尤为宝贵，如果学校不能正视自己的责任而采取有效措施，耽误的就是学生的一生。

在养成教育中，学校充分发挥主导作用，就是要主动与家庭、社会相联系，从而建立一个有效的教育网络。当各种途径都充分发挥出各自的作用时，才能形成推动学生养成良好习惯的强大动力。

二、树立起教师的威信

在学校，推动养成教育的具体实施者主要是教师。教师的威信不高，学生只会把他（她）说的话当成"耳旁风"，养成教育更是无从谈起了。那么，要怎样树立教师的威信呢？

教师威信的树立离不开这三个方面：

（1）发自真心地热爱每一位学生，对学生充满热情。

（2）有过硬的业务水平，能让学生学到真正的知识。

（3）有让人敬重的人格，具备让家长和学生尊敬的人格魅力。

树立教师的威信，很重要的一个方面就是要求教师把自己变成学生的榜样。乌申斯基说过："教师个人的范例，对于青年人的心灵，是任何东西都不可能代替的最有用的阳光。"如果教师变成了时时照耀学生的阳光，那么还有什么不能逾越的障碍？

三、建立民主平等的师生关系

师生关系是否融洽，直接影响着养成教育的效果。

什么样的师生关系最为融洽？

民主平等、彼此理解、相互尊重、相互信任、心灵相通、互相学习、共同促进的师生关系，是最能让学生接受的。这样的师生关系是实施养成教育的保证。

民主平等的师生关系建立在爱的基础之上。有爱，一切都有可能。现代教育家夏丏尊曾说："教师没有了情爱，就成了无水的池，任你四方形也罢，圆形也罢，总逃不了一个空虚。"

建立民主平等的师生关系，教师首先要尊重学生、热爱学生。教师的伟大之处就在于他爱的是别人的孩子。

四、充分调动班主任的力量

在养成教育中，要充分调动班主任的力量，必须通过班主任把全体学生组织和发动起来，把班级各方面的力量统一起来，从班级的实际出发，抓好班级学生行为规范的养成教育。

特级教师孙蒲远曾是一位优秀的班主任，她在自己的著作中这样写道："小学班主任对自己的学生影响非常大。班主任提倡的东西将会酿成这个班的班风，班主任的好恶将会成为这个班学生判断是非的标准，班主任的要求将会形成这个班学生的习惯，班主任常说的话将会成为这个班学生的座右铭，班主任的言谈举止对学生性格气质的形成都起着举足轻重的作用。"

我们可以从中获得思考，班主任是学校对学生实施养成教育的重要渠道。班级养成教育的关键是班主任。班主任虽然是世界上级别最低的主任，却也是世界上最重要的主任。

班主任除了配合学校的统一教育目标，把学生组织起来，还有两项重要职责：一是充当各任课教师的联络人，把各科教师组织起来，共同形成养成教育的合力；二是充当学校和家长之间的联系人，加强与家长间的沟通，与家长密切配合，共同培育学生。

五、尊重每一名学生的天性

每名学生都有自己独特的个性。学校应该是一个让学生充分发挥个性的地方，而不是磨灭个性的场所。否则，等到了毕业的时候，学生都变成了千篇一律的学习机器，这样的教育还有意义吗？

在实施养成教育的过程中，学校尤其要注意尊重每一名学生的天性。比如，要求左撇子的学生必须养成用右手吃饭的习惯，这本身就是违背了学生的天性，只会压抑学生的个性发展，对学生今后的发展尤其是心理健康的发展极其不利。唯有尊重学生的天性，学生才能获得真正的解放。

六、营造良好的校园环境

环境本身就有教育的意义。这从"孟母三迁"的故事中就能找到一定的依据。校园环境对于习惯的养成也有着重要作用。学生成年累月在学校学习、生活，所接触到的学校里的人、事、物等校园环境对他们的影响巨大。

比如，一个学生在整洁、美好的校园中，如果他（她）邋里邋遢不讲卫生，自己都会觉得不好意思，就会想办法使自己得到改观。这就是环境的作用，是周围美好的环境激发了他（她）要养成良好习惯的愿望。

良好的校园环境，不仅仅包括好的物质环境，比如，宽敞明亮的校舍、设施齐全的体育场、绿树成荫的校道等。更重要的是，要有激励学生积极向上、奋发进取的校园文化。用教育改革者李希贵的话说，就是校园文化既可以"创造"，又需要"经营"，其核心是"学校共同的价值观念、价值判断和价值取向"，校园文化最终会成为"取之不尽、用之不竭的精神源泉"。

学生自己本身也是校园环境的一部分，会对他人产生影响。教育的环境不是自发形成的，而是在全体教育者的引导下，在与学生的互动中形成的。当学生全身心地融入校园环境中去，真心真意觉得校园美好，这样的环境就是好的教育环境了。

七、架起家校沟通的桥梁

学校不是万能的，我们不能要求学校把所有的问题全部解决。学校教育和家庭教育应该联合起来。否则，很可能出现负面效应，使家长和教师的苦心统统白费。

学校有一项重要任务，就是主动架起家校沟通的桥梁。比如，通过举办各种形式的家长学校、家长会、讲座等交流家庭和学校的教育观点，统一教育目标，形成教育的合力。教师还可以通过家访、打电话等形式与家长进行具体的沟通。

八、与社会力量形成联动

学生在上学期间虽然很少接触社会，但这并不表示社会就不会对学生造成影响。学校要学会利用并创造条件帮助学生从社会上吸取有益的东西。丰富的体验，会促进学生良好习惯的形成。学校可以寓养成教育于各项社会活动中，借此激发学生强烈的情感体验。比如，组织学生走上街头为民服务、组织学生观看爱国主义影片、组织学生参观各种有意义的展览等。

为了与周边的社会力量联动形成良好的小环境，学校也可以联合学校附近的单位或组织开会共同商议教育的问题，请他们承担起社会教育的责任。比如，有的学校和当地的部队形成良好的互动，不但借助部队的力量组织军训，还组织学生们去军队驻地参观，让学生们感受到了另一种教育。

九、反思教育习惯

北京师范大学教育学院教授檀传宝在为《反思教育习惯》一书作序时曾写道："教育习惯在中国可能是最值得反思的问题领域。"

檀传宝还写道："我们的学生如何进校门，如何坐在自己的板凳上，以什么样的方式回答问题、展开讨论，怎样和老师打招呼等大都有不容置疑的规矩。而一些规矩实际上是未经追问、没有现代性的东西，如不反思则创造性的教育和创造性的人才都无从谈起。"

教育者的教育习惯直接影响着学生行为习惯的形成。反思教育习惯虽是一个涉及范围很广的命题，但在养成教育中同样重要。教育者在学校天天要求学生养成良好习惯，却很少反思自己的教育习惯有无不妥之处。比如，在课堂上，教师习惯了讲，学生习惯了被动地听和记，一直没有改变。当学校提出培养学生独立思考，敢于质疑的习惯时，情况就可想而知了，学生很难在短时间内发生改变。这能单纯埋怨学生吗？教师是否也应该反思一下呢？

　　教育者在帮助学生养成习惯，要求学生的同时，如能对自己的教育习惯进行一番反思，看问题的视野将发生质的改变，可能会惊奇地发现，原来每一名学生都很可爱。

视障学生养成教育

第一节　视障的定义

视障：又称盲，广义而言，如果一个人需透过辅助器具如眼镜、放大镜等才能看清楚东西，就称为视障者。视障又可分为全盲及弱视，其中又以弱视居多。我国的残障认定标准是两眼视力较佳的一眼未达0.1或视野各为20度以内者，才可申请残疾证。弱视是视障程度较轻者，有时并不容易分辨出来，但仍可以从眼球震颤、看书、看电视等判断，弱视者看东西的距离非常近，以使用电脑为例，有时都是贴在电脑上。

第二节　视障学生身心特征

眼睛是人们获取图像和其他信息的一个重要途径。正常人由光刺激作用于人眼，从外界所获得的信息中，80%来自视觉。由于视觉缺陷，视障学生视觉功能缺失，不能像健全学生那样通过视觉器官渠道获取有效信息，导致视障学生在感知觉、注意、记忆、语言、思维、元认知、情绪情感以及人格方面有其异于健全人的特点。

1. 视障学生的心理特征

相对于健全人来说，在注意、观点选择等方面，视觉经验的缺乏使得视障学生展现出十分明显的缺陷。很明显，对于目光交流、嘴巴的运动以及面部表情等非常常见的日常交往特征，他们却是很难获得。就失明的年龄而言，5～6岁被看作是一个关键期。也就是说，在这个年龄之前失明，其视觉表象比较易消失掉，而在这个年龄之后失明，则早期的视觉经验有望保持住，这对其后来的学习将发挥积极的作用，可提供比较具体的参考框架。在医学界也出现了一个约定的标准，就是以5岁作为一个界限，对于小于5岁的视障学生，实际的留存记忆很少，平时的日常交往影响对个人会很小；对于超过5岁的视障学生，他们对于失明前的生活就会有相应程度的记忆了，原因是在出现视觉障碍之前已经有了相对清晰的交往基础，而特殊教育学校接收的视障学生年龄基本在8岁左右，这样5～8岁左右生活和日常的影响，就逐步和健全学生产生比较大的差异，而差异最明显的地方表现在行为习惯养成方面。

从视障学生的心理看，经常会表现出各种各样高频率的三种分别为冒失冲动倾向、不安全倾向和身体的刻板重复症状。特别是不安全倾向和冒失冲动倾向这两种情况，出现的问题极其常见，这是与视障学生因为存在身体缺陷造成人格曲线紧密联系的。究其原因，其一，由于十分贫乏应该与年龄相对应的生活知识经验，在事物的认识上相对浅显，情感体验更是仅仅停留在表层，更不谈自我独立等方面，以上种种的不足，致使视障学生独处的时候便出现无比的焦躁，对周围环境的陌生，造成心理的不安全倾向。其二，由于视力问题存在着障碍，接受信息的方式只能凭借其他的感觉实现，很显然，一旦面对周边环境的改变，他们便会出现冒失冲动或不安全倾向的情况。

2. 视障学生的认知特征

视障学生要生存和生活，视觉缺陷造成一定的困难，但是其他的感觉还是正常的。视障学生通过听觉、触觉、感知觉、动觉完成自我对世界的认知，完成信息的再处理和元认知。

人们常误解视障学生的听力特别好，认为比其他人更敏锐，这实际上是个错误的认知。听觉作为人接收客观信息的一种途径，所有人是一样的。苏联学者捷姆佐娃等人的研究结果发现，盲童与正常儿童相比，在各种频率上的听力阈限差别不大，两类儿童的纯音听力感受性都随着年龄的增长而有逐步提高的趋势，并不存在盲童的听力比正常儿童更好的问题。之所以有这个错误认知，是因为视障学生视觉缺失后，听觉成为留下的感知器官，没有办法选择，通过

第二章
视障学生养成教育

更用心倾听这个世界，逐渐地训练听觉更敏锐的特征。可以说，这是自我长期训练的结果，并不是缺陷的补偿。

苏联学者捷姆佐娃等人实验发现，盲童与明眼人手指尖两点阈的平均值为1.07mm和1.97mm。而戈尔斯曼对视障学生应用触觉的能力研究发现，只要视觉问题不因其他缺陷（如智力落后）而复杂化，视障学生与健全学生之间没有差异。我国学者刘艳红则通过对比实验研究发现，视障学生触觉略高于健全学生，但未达到显著差异。

研究结果的差异原因可能与实验的样本有关，但更为合理的解释是：只有经过触觉强化练习的盲人，其触觉灵敏度才可能高于普通人。

视障学生通过触觉认识物体的形状、大小、温度、硬度、光滑度、重量等不是单一的，而是同其他的感觉通道联合作用。

动觉也是一种对运动的意识或记忆，这种肌肉记忆是视障学生学习概念的第二特征。研究发现，许多人会表现挤眼、摆动身子、绕圈子转、注视光源、玩弄手指等刻板、重复性习惯动作（常称盲态），而这些习惯是视障学生寻求自我刺激的一种方式，是由于他们缺乏大量的视觉刺激来源，只能通过自我身体部位的刺激运动弥补。动觉其实是对自我内心的感觉、肌肉和动作的一种外在表现。

视障学生由于缺少视觉信息的参与，所以在形成空间知觉时会有很大的困难，他们主要借助听觉、触觉、动觉、嗅觉等感觉通道来获取更多的信息，从而形成空间知觉，同健全人相比，准确性不是很高。因为视觉缺陷的影响，视障学生无法对时间进行感性的体验，但是能够通过对生活中的一些经验以及活动规律来帮助其准确地判断时间。比如，通过阳光的暖和程度等感知时间和方位等。

盲人虽然看不见东西，但常常能在高大的墙和粗壮的树干前停下来，或绕开这些障碍物。盲人为什么会有这种对障碍物的知觉呢？1924年查瓦（Romanis Javal）曾提出感觉神经终止于皮肤的理论，认为在失明情况下，这种神经能发展成为"小眼睛"。也就是说，皮肤能很敏锐地"看"东西（不经接触而觉察），而盲人能"看"到障碍物的是没有遮盖的颜面部，故称为"颜面视觉"。

事实上，这种"颜面视觉"乃是听觉发展出来的结果。因为先天性盲人通常自幼年就具有区别微音的能力，由这种重建的超常听觉能力，盲人发展其空间知觉及体会到障碍物存在的感觉。由此可见，所谓"颜面视觉"乃是视障学生凭借经验与学习，由声波的微妙变化而判断障碍物大小及距离的一种知觉能力。

3. 视障学生的语言特征

范德柯尔克（Vander Koll）在分析众多盲童语言智商的研究结果后认为，在语言发展特别是口头语言方面，盲童似乎同明眼儿童没有什么明显的差异。

但是部分视障学生在音段方面也存在一定的缺陷。施廷切菲尔德的调查发现大约有一半的盲童会表现出言语缺陷，这些缺陷主要是口吃、字母替换、平舌音与翘舌音分辨不清。因此，失明有可能会使盲童的言语动觉、言语发展受到影响，同时，视障学生在说话时的姿势、体态等方面表现出异样与健全学生。

造成这种现象的原因，据有的学者认为，一方面是由于先天性盲人运用了许多视觉概念，而这些概念是他们缺乏亲身经验的，如月光、浮云、奔腾、雪亮之类，结果因误解而错用。另一方面，与周围环境对视障学生的影响有关。如我们过多地用交谈的方式使视障学生与环境保持联系，而较少地让视障学生直接与环境接触。久之，语言刺激便形成视障学生的一种习性，而使他们去追求声音的刺激，甚至到后来，视障学生自己将以无意义的语句，不断地自言自语用以解闷。在模仿和学习言语时仅凭听觉，看不到口形，因而有的音发不准或口吃、颤音等；视障学生使用的词汇缺乏感性的基础，缺少视觉形象，也就是词与形象相互脱节；有些词缺少完整的、准确的形象；单靠听觉获得的语汇往往较为空洞，不甚了解其内涵。

视障学生在语言表达方面常会出现过分依赖。与自己的感觉不一致的词语，如在描写羊羔时，不是根据自己感知到的经验去写，而且用普通人的语言，把羊羔说成是"雪白的""天真和活蹦乱跳的"，由此表现出其语言与自己的感觉脱节，这种现象被称为"语意不合的表达"。这些现象会随知识和经验的增长而逐步减少。

4. 视障学生的记忆特征

视觉障碍导致盲童和低视力儿童在获取信息方面往往不全面、不完整，造成视觉经验的匮乏，视觉表象难以形成。视障学生仅存依靠触摸，对物体进行认知和再认知的成绩远低于健全学生。但视障学生有较强的听觉记忆，在短时记忆能力方面，低、中年龄的记忆明显落后于视力正常的记忆力。随着年龄的升高，这种差异逐渐减少，并趋于消失，也是认知差异逐渐减少，记忆力逐渐相同，很多人对视障学生的记忆力好也是一个错误认知，他们的记忆和健全学生是一样的。

一些专为盲童而设计的智力测验如"海斯——比奈智力测验"（Hayes-BinetInt-elligenceTest），或韦氏儿童智力量表的语文部分，皆显示盲童的智商并不低于眼明儿童（Hayes，1950）。研究表明，盲童的智力分配较常态分配为偏散，两极端部分的分配特多。智商在70以下者占9.2%，在120以上者占10.3%。全体受试者智商的总平均数为98.8，与常人相差极微。由此看来，盲童中特别聪慧及智能不足的比率较正常儿童为高。这表明盲童在一般智力上，可能不因视力缺陷而受损，但后来的许多研究发现，智能发展中的若干特殊领域则会受到视觉障碍的影响。例如，铁尔曼与欧斯彭（Tillman and Osborne，1969）的研究发现，虽然盲童在复诵数字的能力方面（用以测验短时记忆与注意广度）要优于眼明儿童，但他们在同类测验的表现方面，则显然要比眼明儿童为差。这与盲童生活经验的局限性有关。

5. 视障学生的思维理解特征

由于缺乏视觉表象进行抽象加工为形象思维提供素材，其表象只能通过感觉通道和动觉建立。在需要感知过大或过小的物体或自然景观等难以触摸的事物时，自然就难以建立完整的触摸觉表象并通过表象操作进行思维抽象。由于听觉信息未能呈现物体在空间的形状和幅度，所以对某些过大、过小或飘忽不定的较为抽象的概念形成有一定的困难。比如，视障学生对男教师的身高没有概念，听声音只是个基本判断，导致其认为一名超过180厘米的男教师特别高，和楼房一样高。

视障对于比较复杂的抽象概念的形成造成不利的影响，主要表现在：缺乏视觉表象，较难形成完整的概念；感性经验贫乏，影响抽象概括能力；由于触觉、听觉、运动觉的局限性，形成方位、空间概念较困难。然而，这并不是说失去了视力就失去了分析、综合、抽象、概括等思维活动能力，而是由于缺少视觉表象（visual imagery）、感性经验贫乏及其他感官的局限性限制了思维能力的自然发展。值得庆幸的是，许多研究表明，如经过适当的教育训练和缺陷补偿，其上述缺陷可以在一定程度上得到补偿。

6. 视障学生的情绪特征

据有关研究得出视障学生精神质分数明显高于健全学生，表现出更多的负面人格特征的结论。李娟等人所做的对视障学生孤独感的研究显示，视障学生孤独感得分明显高于健全学生。李祚山的研究显示：12个个性因子中，视障学生的抑郁性得分最高。

在视障学生的情绪是否稳定的问题上，不同的研究有不同的结论，但是大部分研究认为视障学生的情绪不稳定。同时，视障学生的性格体现出内倾型。一般认为，视障的情绪也存在不稳定性，但是由于视障学生人格的内倾型，他们会隐藏激动的情绪状态，补偿有激情状态。

据北京医科大学青少年卫生研究所对部分盲校8~20岁的237名视障学生和10~17岁的282名健全学生心理卫生状况的调查对比研究结果表明：视障学生在情绪特征、人际关系、自我意识特征方面同健全学生相比有一定的差异，视障学生的情绪特征是情绪不稳定，认为自己情绪经常变化的人占41%，高于对照组的29%；有27%的视障学生在街上行走时心情处于紧张状态之中；47%的视障学生敏感，常感觉自己在公共场合受到别人注意。

7. 视障学生的注意特征

由于视觉系统出现故障，视障学生注意广度会变小。只有让注意集中到窄小范围内，才能获得相对较多的信息刺激，也就是注意力更集中到某些点上才能收集有效信息。这样，注意不容易受到周围其他刺激的影响，因而注意就更加稳定、更难转移。

视障学生较高的听觉注意力，是有较强的听觉选择性。对感兴趣的信息，随着听觉信息的强化，久而久之，他们的听力辨别能力和听觉选择水平都会有较大的提高，能辨别出各种声音的细微差别与变化，利用这些声音信息去认识环境。但是，对于他们来说，注意有以下的特点：有意注意较为突出，有较高的听觉注意力，较强的听觉选择能力和辨别能力，注重发展视障学生的有意注意，有益于他们的残余感知觉的增强，对第一信号系统的注意较健全学生少，但对第二信号系统的注意大大加强；注意的稳定性相对较高，但也存在注意分散的现象，外界信息刺激造成对需要注意信息的干扰，造成分散；注意的分配能力较强，注意力广度还是狭窄，视觉缺失后，强化听觉、触觉、动觉等，其他感知觉能力加强。

8. 视障学生的性格特征

视觉缺失逐渐形成了视障学生的性格特征：自我概念弱，自相矛盾现象突出，不善于自我调节；意志坚毅、但是长期依靠外界力量，形成比较重的依赖性与不果断性；另外，由于认知的偏差容易钻牛角尖，情绪易波动、消沉；还有部分视障学生因身体缺陷造成性格孤僻、冷漠、自信心不足、悲观等性格。尽管视觉障碍本身并未造成个性特征方面的异常，但他们所表现出的过分焦虑、依赖、自卑、呆板、孤僻、退缩、敏感等个性倾向需引起家长及教育工作者的注意。

视障学生的心境具有孤独感和焦虑感的特点、情绪不稳定，但人格具有内倾性，不常有激情状态，缺乏人际交往能力和机会，其友谊感的形成有其自身特点，情感体验相对较少，积极情感与消极情感并存。当然，这也就造成了视障学生独立性不强、果断性差、坚定性不足、自制力较差。全盲学生人格特征为精神质分数高，可能更孤独，不关心别人，情绪性分数明显偏低。同时，也就出现社会认知不足，独立生活能力较差，体态语言发展缓慢，社会交往能力偏低，交往态度存在偏差。

9. 视障学生的生理特点

随着视障学生婴儿期机体的逐渐成熟，在正常环境下，健全学生运动能力自然而然有了迅速地发展。而视障学生由于看不见自己周围的物体，失去了抓物体的动力，因此，他们的运动能力不能随着机体的成熟而自然、有效地发展，有可能出现早期身体运动能力技能发展迟缓的状况。特别是那些先天失明的盲童，更可能出现早期运动技能迟滞。格瑞庭（Grign，1984）研究得出结论：出生后就失明的儿童对其运动技能的发展有着不利的影响，可能会延缓早期运动技能的获得。生活中，我们常会发现，有些先天失明的儿童喜欢俯伏在某一个地方，以求保证自己的心理和安全需要。然而，长时期俯伏在某一个地方，通常会导致运动技能，特别是身体移动、手的协调及健全肌肉的发展迟缓，导致行走所需的肌肉得不到正常的发展，而使得行走技能发展滞后或行走拙笨，延迟走路的年龄，最终影响体格的正常发展。

谈到视障学生的动作发展及特点，我们不得不提到所谓的盲态问题（blindism）。所谓的盲态是指有些盲人的特殊动作或习惯，如经常性按摩眼睛、挤眼、摆动身体、绕圈子转、注视灯光和玩弄手指等行为动作。伯林厄姆

（Burling. ham，1964）及沃伦（Warren，1984）却认为这个术语是用词不当，因为这些习癖（mannerisms）也可以在其他残疾儿童，特别是自闭症儿童、智力落后儿童及情绪障碍儿童身上发现，甚至有些正常儿童也有类似的刻板重复行为表现。导致这种盲态的原因有许多种推测，这些因素还是与前面的心理特征有关联，如自我寻求刺激、环境改变、人际交往需求、缺乏正常的行为习惯模仿经验等。

第三节　成因分析

1. 病理因素

由于视觉感官的缺失，造成信息刺激的减少和缺失，形成物体的高度、天气的情况、地面的性质、声音的强弱、盲人的主观状态等偏差，在行为习惯方面出现盲态等异常行为动作，在细微表情、动作方面无法学习。

早在1952年就有研究者指出：视障学生在智力测验上的能力表现落后于健全学生两年。蒂尔曼（Tillman，1967）曾对7~12岁的55名视障学生和55名健全学生进行智力测验，结果表明确实存在着差异：健全学生的智商为96.54，而视障学生为91.95。尽管上述研究未得到一致的结果，但有一点我们必须承认，视觉的障碍会影响其概念的形成。

在心理方面，封闭、孤独、某些人格的缺失、自信心不足、没有安全感、悲观、偏执等；在学习方面，没有办法准确找到信息，没有更好的渠道理解尤其是空间的关系；在语言方面，说话面部表情僵硬、姿态怪异，不能很清楚表达自己的意思；在情绪方面，易冲动、怀疑自我和周边人；在理解能力方面，与实际不对等、不准确；在行为动作方面，出现盲态；在礼仪方面，出现空缺或者比较自我，依赖性强；在安全方面，对未知的恐惧和冒进共存。

2. 家庭因素

有些视障学生的家长起初很难接受其视力残疾的事实，他们辗转各种医院进行治疗，依然没有期望的良好结果。但是随着年龄的增长，本该有的习惯养成教育却一再耽搁。

案例：

郝某，女，来自兰州的农村家庭。生下来的时候，家里人感觉正常，没有发现她的视力有问题。等长大一些的时候，家里人才发现她的眼球不能随着物体移动，最后确定视神经发育不完全，而这种病目前在全世界还没有治疗方法。家里人觉得是个女孩，放在家里让老人带着就行了。这个孩子每天的任务就是躺在炕上，奶奶总是陪护着，有时候找几个老人坐在炕上进行聊天。到后来，她还在炕上躺着跟着聊天，觉得生活也就这样了，挺好的。等同龄的孩子都去上学的时候，家里人觉得她天天躺着也不是个事，打听到兰州有这样一所学校，就去上学了。学校教师发现，这个孩子走路还要人拉着走，自己干脆不敢走，说话倒是表达很清楚，其他的能力都比较弱，住校的话，个人卫生、吃饭都没有办法解决，让她回家先练习一下吃饭、洗脸和洗脚等基本生活能力再来。第二年，她如期来到学校，虽然学会了吃饭等一些技能，但是吃饭时嘴巴往外流，弄得满身饭粒，而且一直以来这个学生的动手能力弱，吃完饭就休息。随着年龄增长，体重越来越大，可五年级的时候还尿床，生活老师和班主任很是无奈。学习方面，语文课阅读方面还好，但是不爱思考，碰到问题答不出来，数学计算更是一团糟。她的走路能力短板一直很严重，多次外出造成困难后，学校外出活动的时候都不爱带她。一次，志愿者带她春游，回来之后，她累的瘫坐在地上，成为学生中的一个笑话。

有些家长对于视力障碍由于个人认知的偏差，认为视力残疾后本应该什么都不会，甚至到学校后发现别人的孩子会说话还感觉很奇怪，对盲童早期教育难免耽搁滞后；有些家长感觉孩子很可怜，这么小就看不到这个世界，所以就要求孩子静静地躺着，需要什么哭就行了，想办法满足所有的要求，只是注重盲童的吃饭问题，对于说话交流、行走、运动等更高层次需求没有关心过，也没有能力去关心，致使到了学龄入校后，孩子仍处于低龄儿童的生活技能水平。

案例：

某社会男，32岁，全盲，家在兰州火车站附近。他来到学校想学按摩专业。经询问，虽然参加过几次残联组织的短训班，但觉得水平不好，没有学到太多东西。学校专业教师进行测试，发现其水平确实有限，不能上岗。

而且，他来学校的时候是70多岁的母亲带来的，双手搭在母亲肩膀上，跟随行走，一路上看着极其困难。平常的时候，他也是由母亲全权照顾。随着年龄增长，个人独立性需求也越迫切，而且老人年事已高，百年后，他自我生存也成问题。了解其原因，母亲总觉得亏欠孩子，所以包办太多，导致他个人生活能力、社会适应能力和人际交往均出现问题，才想起上学来解决。

某男身上明显有一股恶臭味，因为长期不注意个人卫生，旁人难以接近，智力水平还是可以的，说话比较清楚，但是与人交流的时候，明显不知道如何表达和相处。学校可叹其可怜、可悲的时候，也觉得年龄太大，之前没有上过学，也不符合中专招生条件。从一年级开始上学，也是不现实，建议他回家从行为习惯养成开始，让生活质量提高起来。

据研究和历年接收的学生统计表明，残疾学生，尤其是视障学生的发育水平也是滞后健全学生2~4岁左右，客观和主观因素造视障学生在生活、学习、人际关系等方面的能力比较弱，甚至有些能力基本没有。家长为了安全，而过多地在行动上对其予以限制，这也将影响其独立行走能力的正常发展。视觉障碍对精细动作的协调能力，也有不良的影响。

3. 社会因素

在普通人的认知当中，视障学生就业与按摩是画等号的。目前，视障学生就业大多数是按摩专业，少数是钢琴调音。随着经济的发展，我国在残疾人就业方面有了较大幅度地提升。2014年开始，视障学生能参加全国统一高考，改变了原来单一的单招专业是唯一接受高等教育的途径，视障学生的专业选择空间也越来越大。

但是政策实施仍需要一定的时间，在美国等发达国家，视障人士可以从事一百多种职业，各行各业均能发现视障人士的身影，他们的收入和地位都比较高，社会的认同度也是比较高，从而自我价值的认同也是相当高。我国目前职业发展方向方面，以我校学生为例，从事按摩的占最大比重，占比95%以上，从事钢琴调音的有个别人数，从事教师岗位的个别人数，在残联工作的也是屈指可数。

先前，盲人与算卦、按摩基本等同，盲人从事的职业和乞丐等同，这种思想仍然普遍存在，视力障碍的人也是在外界思维的灌输下，有悲观、自卑等心理问题产生，经常有不愿出门、不愿进行人际交往等异常行为出现。

第四节　养成教育对视障学生的作用

视障学生在行为习惯方面存在偏差和落后，这也是在特殊教育学校开展养成教育的必要性，也是视障学生今后发展的需求。

良好行为习惯是健全人格的根基，是公民素养的核心。在当今世界，民族素养和创新能力越来越成为综合国力的重要标志。国际竞争的加剧推动着基础教育课程向着更加重视公民道德教育、更加重视创新意识培养的方向发展。在我国，全面建成小康社会，实现中华民族伟大复兴的中国梦，要求基础教育必须加强社会主义核心价值观教育，坚持立德树人，培养学生良好的公民道德素养和勇于探索的创新精神与实践能力。

叶圣陶先生指出："什么是教育？简单一句话，就是要养成良好习惯。"好习惯会受用一辈子，坏习惯会吃亏。践行社会主义核心价值观，落实立德树人的根本任务，坚持育人为本，从视障学生的实际出发，开发潜能，进行视觉缺陷补偿，促进他们各项能力的发展，使其自尊、自信、自强、自立，是我国视障学生教育的重要目标。为了实现这一目标，需要综合、协调地利用学生学习和生活中的一切可能条件，调整周围的环境，对视障学生进行习惯养成和补偿教育，以减少视力残疾带来的影响，提高学习效果，改善生活质量，使他们全面发展，更好地参与和融入社会。

当然，随着《残疾人教育条例》的颁发和实施，对于视障学生的教育越来越受到重视，视障学生面对的社会环境也会越来越好，这必然会让视障学生更加渴望融入社会，而对于行为习惯的养成教育也就越迫切。

第三章

听障学生养成教育

第一节　听障的定义

听障：又称聋，听障分为先天和后天两种。根据国际卫生组织（WHO-1997）分级，平均听力损失小于等于25分贝为正常；平均听力损失介于26分贝至40分贝为轻度听力损失；平均听力损失介于41分贝至60分贝为中度听力损失；平均听力损失介于61分贝至80分贝为重度听力损失；平均听力损失大于等于81分贝为极重度听力损失。

第二节　听障学生身心特征

一、性格特征

和健全学生相比，听障学生的群体性格表现为外向、待人热情等特点，我们常说："听障学生外向，视障学生内向。"但是深层次地与听障学生接触，会发现听障学生容易会出现以下特点：

1. 性格外向

大部分听障学生的性格比较外向、待人热情，总是给人感觉非常阳光、嘻嘻哈哈的，没有什么烦恼。听障学生说话做事很直接，不会拐弯抹角，在他们看来对的就是对的，错的就是错的，没有什么不能说的。比如，上课时，教师说错了，听障学生会毫不犹豫当场指出教师的错误。

2. 做事粗心

大部分听障学生做事大大咧咧、比较粗心，他们很容易忽略事物的一部分，将注意力集中到事物的另一部分，或者是忽略了事物的全貌，而将注意力集中在某个细微处。

案例：

1. 听课时，听障学生往往会将注意力集中在教师刚刚讲过的某一个词语，而忽略了教师后续的讲解。

2. 在画画时，听障学生经常会集中于画面的某个细节。比如，在画汽车时，听障学生可能只画出汽车的大概轮廓，但是会非常详细地画出一个轮胎上的花纹。

3. 情绪变化起伏较大

听障学生虽然比较外向，但是情绪起伏比较大，很容易从一个极端走向另一个极端，一个眼神或者一句话也许就可以使他们的情绪变得低落。同样，听障学生的情绪低落时，如果给他（她）一句赞扬或者鼓励，他（她）也会很快振作起来。

案例：

听障学生小明犯了错后，挨了批评，一开始非常生气，但过不了几分钟，他又重新高兴了起来，拉着教师的手开始聊天。

4. 容易冲动，爱发脾气

听障学生很容易冲动，爱发脾气，越是低龄段越容易发脾气，和别人无法交流的时候，甚至会采取暴力的手段。

案例：

冬天教室内空气不好，劳动委员小陆要求把窗户打开通风，而坐在窗户边的小肖因为感冒不愿开窗户。两人争执起来，小陆非常生气，用拖把打了小肖的脑袋，小肖因为惧怕被打而选择休学。

5. 爱猜疑

听障学生的性格非常敏感，总觉得自己和别人或者与社会格格不入，很容易自卑，同时也对健全人甚至是其他类型的残疾人充满猜疑，认为别人会因为自己听障而欺负自己。

案例：

听障学生小兵在实习期间，因为经常迟到而被扣了实习费。然而，小兵不从自己身上找问题，认为是工厂厂长对听障人有看法，故意克扣实习费，最后在办公室摔了很多东西后一走了之。

6. 孤僻

听障学生常常会感到非常自卑，但是又会因极度自卑而产生极度的自尊，形成自卑与自尊相互混杂的矛盾体。常常会产生既然你们都看不起我，那我也看不起你们的心态。比较严重的学生还会因此产生孤僻离群的性格。

二、心理特征

1. 依赖性强

听障学生有着很强的依赖心理，在家的时候依赖家长，特别是妈妈。当对家长的依赖达到一定程度的时候，听障学生便会对社会产生一定的抗拒心理。相反，得不到家长的关心，学生便会寻找其他可以依赖的人，比如，教师或者具有相同残疾类型的其他人。这种依赖会在某一程度转化为顺从，如果家长对于某件事不认同时，听障学生为了使家长高兴也会放弃做这件事情。

案例：

听障学生小丽高中毕业后未能考上大学，想去就业，却又不愿自己去找工作，总是寄希望于家庭、学校或残联帮她安排工作。学校曾经帮她联系了一个在外地工厂当工人的工作，但小丽干了三个月就回家了，认为离家太远，不愿离开家长。

2. 固执任性

听障学生经常会表现出固执任性的心理，即使有些学生年龄已经很大了，仍然会表现得非常任性。比如，原来答应做一件事情，但一转脸就会表示不干了。

案例：

听障学生小莉受到不法听障人的撺掇，想去外地打工。但因正在上高中，还未完成学业，而且这份工作看上去非常可疑，班主任因此主动找她谈话，希望她改变主意，并请她的家长在假期多注意她。但小丽固执地认为只有听障人才会对她好，别人都不会对她好，于是从家里偷偷跑掉。直到两年后，警方破获一起扒手犯罪集团案，才将小莉找到。

3. 心理年龄偏低

听障学生的心理年龄比同龄的健全学生要偏低一些，一般来说，大概偏低2～3岁。比如，很多听障学生到了高中才会出现普通初中生出现的心理问题。

4. 逃避

很多听障学生都会产生逃避心理，如将自己生活中遇到的不愉快都归结外部因素，将他人偶然的不自然归结为嘲笑自己、看不起自己，对生活缺乏热情，对自己的未来不关心，虽然对人热情，但流于表面应付，实则更喜欢独处，或只与其他听障人接触。

5. 敌意

有很少一部分听障学生会出现"敌意"这种性格，一般表现为对健全人以及其他类型的残疾人不信任、抗拒甚至敌对。他们常有的心理活动是"世界对不起我，偏偏让我成为听障人。""爸爸妈妈把我生成听障人，我的生活才这么糟糕。""我是听障人，你们是健全人，你们就应该对我好。""健全人不能相信，他们不了解我，只有听障人才会真正对我好。"等。

三、认知特征

由于听觉刺激的缺损，听障学生更多地依赖于视觉、触觉和动觉获得信息，不易形成视听结合的综合信息。因此，听障学生经常获取的信息不够完整，造成其特有的认知特征。

1. 观察力

听障学生有着超乎常人的观察力，他们在与人交往的时候，会很注意观察对方的表情，在识别图画的时候，也能分辨出人物的细微表情，发现别人不注意的地方，甚至能通过画面感受到背后的情感。但听障学生的观察力对于不同的画面的反馈是不一样的，他们的注意力更容易被色彩鲜亮、动态的画面所吸引，而且很难再把注意力放到其他画面上，导致观察力分布不均。另外，听障学生观察事物的时候容易注意局部而忽略了整体。

2. 专注力

听障学生的专注力比较强，在观察和思考的时候，注意力都会非常集中，但持续时间短，容易涣散。

3. 记忆力

听障学生的形象记忆要优于语词记忆，与健全学生和其他残疾人不同的是，他们还能依靠手势进行记忆。听障学生的记忆力常常表现为视觉记忆，手语作为视觉呈现能够刺激其短时记忆。因此，听障学生更习惯于通过手语进行记忆，包括一些文字也会转化成手语进行记忆。

另外，听障学生无意记忆要占优势，因为有意记忆的发展更依赖于对记忆任务的意识、活动的动机与情绪作用以及多种感官的参与。

由于以上的因素，听障学生常常表现为短时记忆力和常人相仿，长时记忆力较差，记忆信息丢失严重，容易产生混乱等特点。

4. 思维能力

（1）形象思维

听障学生的思维发展表现更多的是具体形象性，他们的形象思维比较发达。听障学生主要依据头脑中的表象或表象的联想进行思考，有的时候会有独特的"手语式思维"，即将形象转化为手语在脑中进行描述与思考。

（2）理解力

听障学生对于语言的理解力较差，一方面，他们对于语言的接受能力较差，容易造成信息的缺失；另一方面，他们的语序和健全学生说话"主+谓+宾"的句式有所不同，他们习惯以"主+宾+谓+判断"这样的句式，容易造成语言理解错误。一般情况下，听障学生倾向于理解简单的短句子，对于复杂的句子无法理解。

听障学生对于定义、概念一类的理解较差，能够掌握具体事物的概念，却不易掌握抽象的概念，如"战略""演绎"等，很难理解。再者，听障学生在掌握概念方面的显著特点是概念的扩大与缩小：有的听障学生认为"粮食"就是"大米"，这是概念的缩小；认为"学习"就是所有使用笔写字的行为，这是概念的扩大。

听障学生的理解力局限在局部上，对于整体的理解力较差。比如，看电影的时候，他们的思维一般会停留在这个人好，那个人坏上面，但对于整个电影构架进行深层次的理解就差一些。

（3）抽象思维能力

相比较形象思维，听障学生的抽象思维能力较差。在接收到外界的信息后，听障学生会逐渐形成经验思维并停留很长的时间，但很难通过分析、演绎等形式将这些信息抽象化、逻辑化，形成理论思维。

比如，听障学生在学习数学时，能够较为轻松地学会加法，但一旦上升到乘除、开方等较为复杂的计算，就容易出现错误；在进行计算的时候，无论什么计算，都会不自觉地使用加法，即使进行反复训练，错误率依然很高；而在几何证明题方面，因为需要运用逻辑思维能力，学生基本上只能做一些简单的证明题，稍微复杂就做不出来了。

案例：

有一位班主任将钢笔落到了教室里，于是请一位学生小A去取钢笔。但让人没有想到的是，小A却拉着另一位教师来了，原来他没弄清楚钢笔落在了哪个教室里，又看到那位教师用着相同的钢笔，就认为那位教师拿了自己班主任的钢笔，于是硬把人拉来了。

5. 想象力

和健全学生相比，听障学生的想象力有很大的差异。首先，听障学生具有很好的视觉想象力，对于物品的外形有着很好的想象力，而且想象的方向和其他人也有所不同。其次，在缺乏具体物品的提示下，对于语言的想象、联想能力较差，如问听障学生"什么东西是方的"，如果他们看到桌子就会指桌子，但很难说出没有看到的东西。不过，这种状况随着年龄的增加和锻炼可以改善。除此之外，听障学生较缺乏联想。

四、社会性

1. 交往能力

大部分听障学生性格热情，愿意与他人交往，但因为年龄和性格不同又有着明显的差异。一般低年级的学生对陌生人会产生好奇心，但缺乏沟通能力；随着年龄的增长，听障学生会逐渐变得只愿意和家人或者其他听障人交往；性格敏感的听障学生对他人较为排斥，但必要的时候也愿意通过文字和手势和健全人交流。

2. 生活自理能力

一般来说，如果没有经过训练，听障学生的自理能力较差，但由于现阶段很多学生都是住校的，加上听障学生观察力很强，大年龄的听障学生的自理能力甚至能够超过常人，但社会经验不足，有些生活方面的事情想不到。

3. 阶级性

听障学生面对家长、教师或者班干部常常出现一种矛盾的特性，一开始缺乏服从意识，不服管教，但如果他们明白必须听话时，又表现出极强的顺从，如听障学生内部阶级分明，很听学生会的话。一旦感到自己的社会地位上升，听障学生又会明显表现出平等甚至居高临下的态度，如很多毕业后的听障学生见到自己的教师，会拍教师的肩膀而没有尊敬的态度。

4. 团队意识

听障学生有一定的团队意识，也很在意团队荣誉。但总的来说，没有很强的团结精神，群体意识不强。无论学校内部还是社会上，听障学生虽然可以相互帮助，但很难能聚集成一个团体，争取共同的利益。

第三节　成因分析

听障学生之所以产生这些特征，是在先天素养的基础上，通过后天家庭、学校和社会环境的影响，经过其自身的实践活动和积极主动性才逐渐形成的。在对听障学生进行养成教育之前，首先要了解这些特性的成因。

一、感官机能缺失

听障学生由于自身的残疾，大多通过视觉、手语这种外显性工具认识世界，而为了能够表达自己的想法，他们的面部表情较为丰富，举止略带夸张。总体来说，听障学生群体性格表现为性格外向、情绪变化快、表情和动作略显夸张。

听障学生由于自身条件所限，认识外界和与人交流大多通过视觉、手语这种外显性工具进行，他们对于信息的理解就是所见即所得，给予世界一个信息，世界就能反馈给他得到一个信息，而这种思维方式是他们从小就开始产生的。在听障学生看来，黑就是黑，白就是白，世界上的事情界限分明。因此，他们的性格外向，说话做事很直接，不会拐弯抹角。

但同时，由于大量依靠视觉来获取信息，听障学生的观察能力很强，他们能容易就能辨认别人的表情，也比较依赖通过表情的变化来判断对方的想法，也使得他们较常人敏感。一方面，其他人会觉得听障学生"聪明""会看人脸色"，但另一方面，过于敏感也会使听障学生将别人的表情过于放大，解读不正确，有时候会因为会错意，造成误会。

听障学生无法接收语言信息，对外界事物的认识和了解有着明显的缺陷，并且在获取信息时，必须集中注意力使用眼睛进行观察，这使得他们无暇关注其他，在常人看来略显怪异，如果这时候其他人带着奇怪的眼神看这些听障学生，就会引起他们的强烈反应，或者加深自卑心理。

案例：

听障学生小岳放学坐公共汽车回家，因为别人说话时看了他一下，就觉得别人是在说自己，觉得别人认为自己是残疾人而笑话自己，闷闷不乐了好多天。后来，他和同学一起坐公交车，只要有健全人在车内，他都拒绝和其他听障人用手语交流。

此外，听障分为先天和后天，后天致聋会导致听障学生内心遭受重大挫折，如果没有很好的引导，很容易造成自暴自弃、自闭、愤怒、甚至仇恨等心理，造成严重的不良行为。

案例：

听障学生南某，男，在6岁时因为感冒没有去正规医院治疗引发感染导致耳聋，并伴有脚疾，因此，导致内心遭受严重打击，加之家长管教较为极端，一方面因为愧疚而对其百依百顺，一方面又因其犯的小错误拳打脚踢，以致性格逐渐怪异。他一方面狂妄自大，觉得别人都没有自己聪明，都应该围着自己转，只要自己出现问题就认为都是别人的错；另一方面，觉得没人理解自己而感到内心苦闷，常常找教师谈话，抒发自己的不满，有暴力倾向，漠视他人，最终因为异常行为就医。经诊断，他已患上狂躁型抑郁症，需住院治疗。

二、家庭

孩子的成长离不开家庭，听障学生的很多不良习惯都和他们的家庭以及生活环境有很大的关系。

1. 残疾家庭存在贫困、离异等概率比健全家庭较多，而在特殊教育学校，这一比例更高。据不完全统计，每年因庆大霉素致聋的有90%来自农村，我国大概有5%的听力受损患者是因为药物致聋，而在聋哑学校中的学生，则有高达20%的比例是滥用了抗生素。而之所以选择庆大霉素等有严重副作用的药物，主要就是因为家庭贫困，无法支付价格高昂但安全的药物。

城市或者比较富裕的家庭可以很早就选择安装人工耳蜗，通过语训使听障学生得以和健全学生一起随班就读。而更多困难的家庭因为有了听障孩子，选择离异或者继续生孩子，致使家庭情况更加困难。这些家庭平时疲于生计，没有时间也不知道如何对待这些特殊的孩子，加上文化程度不高、消息闭塞，对待这些孩子只能放任自流。有的孩子甚至十岁了，才知道有特殊教育学校，错过了语言康复和行为矫正的最佳时间。

2. 面对听障学生，很多家庭容易产生一些极端的做法。有的家庭认为是自己亏欠了孩子，对其极为宠爱，而有的家庭则视之为耻或者已经有了正常的孩子，不自觉地漠视他们，严重的还会抛弃他们。前者是想要什么就给买什么，力图满足其一切需要，导致听障学生产生暴力、自私、任性等行为；后者将听障学生尽量边缘化，没有给予他们足够的关爱，使得他们容易敏感、自卑、自闭、对家庭（甚至对社会）仇视。这两种家庭都会给听障学生带来很多心理问题，导致不良的行为习惯和行为障碍。

3. 绝大多数听障学生的家庭中，家人都缺少有效的沟通手段。据观察，听障学生的家庭中会手语的人很少，即使使用笔纸交流的也不多。很多班主任都说过，他们听到家长说得最多的一句话就是："老师，你能不能给孩子说一下这件事，我没有办法跟他沟通，我不会手语。"其实，不会手语只是表面现象，更深层次的原因是家长拒绝和孩子沟通。孩子小的时候，认知有限，不会手语，也不能很好地理解他人的想法，家长也很难和他们沟通。孩子随着年龄增长，认知水平和语言能力都有了提高，但很多家长对孩子的认识还停留在小时候，加上平时还要工作或照顾其他孩子，久而久之，也就慢慢不再和听障学生交流了。这也导致了听障学生没有接受到良好的家庭教育，容易产生行为异常。

4. 部分家长过于溺爱孩子，认为特殊孩子没有自理能力，什么都做不好，因此，一手包办孩子的衣食住行，甚至干涉孩子的发展。长此以往，这种家庭环境中出来的听障学生性格都较为软弱，对自己强烈的不自信，事事依靠家长，人际交往缺乏常识，不愿与他人交往，欠缺生活自理能力。而同时，由于家长干涉过多，而有时候家长的选择未必是孩子的想法，因此，孩子又存在着抗拒、埋怨、甚至是仇恨，一方面依赖家长，一方面又想离开家长，对家长的感情慢慢变淡。

案例：

听障学生小宋，女，后天致聋，曾在普通学校上学，后转入特殊教育学校。妈妈非常强势，小宋生活的一切均由她一手包办，直至大学毕业。小宋的学业尚可，但人际交往能力非常差，不愿与他人交流，见面或离开不跟老师、同学打招呼，在一起的老师、同学过段时间就忘了，除妈妈外不愿接受他人的指导。除此之外，小宋还保留一些幼年时期的习惯，如用勺子从杯子里舀水喝，书包时刻不离身等。

三、学校

1. 普通学校

部分听障学生通过语言康复训练后回到普通学校上学，但在普通学校里常会遇到一些问题：

（1）课程跟不上，挫折感强。

（2）教师没有受过正规的特殊教育训练，不能很好地和听障学生交流，无法有效地实施对其辅导。

（3）学生和教师的漠视。

（4）同学的欺负或者冷暴力。

长此以往，这些听障学生就会产生厌学、挫折等情绪，在小学阶段还能适应，到了初中或高中，因为无法跟上普通学校的学习速度，加上他人的排斥，就会选择去特殊教育学校。但因为没有受过特殊教育，适应起来也会比较困难，出现很多的问题。

2. 特殊教育学校

特殊教育学校的听障学生很多，因此，听障学生能够找到一种归属感，一些不良行为也容易矫正，但是也容易被影响产生一些听障学生特有的问题。

很多特殊教育者都发现，当经过语训的听障学生到了特教学校后，他们的语言能力反而会下降，这其实是一种同化现象。由于特教学校的听障学生较多，他们不需要用文字或口语就能进行交流，甚至更符合其语言习惯，久而久之，就出现语言能力退化的现象。相反，有很多听障学生毕业后，工作一年的时间就能使语言能力得到大幅度的增长。

四、社会

很长一段时间内，社会对于残疾人都是存在着偏见的，而听障学生的很多不良行为，也是社会带来的影响。

1. 社会认同感低

必须承认，社会上很多人对于听障学生是不理解甚至是有偏见的，对他们进行嘲笑，当有听障学生在路上打手语时，总会带来旁人好奇和探究的目光。即使有愿意了解也是带着居高临下的同情，而并没有将听障学生当成一个平等的对象看待。

这些不理解和歧视使得听障学生不但感到了社会的排斥，还会慢慢变得自卑和消极，有些听障学生因此变得自暴自弃，有的甚至产生对社会的仇恨心态。

2. 社会教育的不平等

社会对于健全学生抱有较高的期待，相对应的要求也高，但对于听障学生，社会对其要求不高，很多人甚至不知道听障学生也享有受教育权，对听障学生的期待也很低。这种心态造成了低期待下的低投入，市面上很少出现专门为听障学生准备的视频、图书或服务机构，造成了听障学生与社会交流的不便，如去医院、银行没有专业的翻译可以沟通。而除了特殊教育机构，很少有其他培训机构了解适合的教育方式，造成听障学生回归社会的困难。

3. 就业渠道窄

据2013年的全国性调查，目前听障学生的就业率是58.81%，远远低于健全学生的就业率。

首先，就业率低最主要的原因是工作单位提供的就业机会少。一般来说，工作单位只会考虑健全学生的就业，即使国家出台了一系列残疾人的就业措施，但一般工作单位只会招收肢残人或者言语残疾人。

其次，听障学生的就业渠道也比较窄。听障学生只能适合不需要过多交流和创意、技术性不高的工作，因此，听障学生无法适应很多工作。

最后，听障学生的工作能力较差也是一个原因，有历史和自身的原因，他们的工作能力比起健全学生较为逊色，只有少数人非常出色。

较低的就业率造成听障学生产生自暴自弃、与社会疏离等心理，还会产生诈骗和犯罪的行为。

随着国家对于残疾人教育的重视和人们素养的提高，人们渐渐关注和理解这些特殊的群体，对听障学生也友好和包容了很多。但总的来说，社会对于听障学生的关注和帮扶还有长足的发展空间。

第四节　养成教育对听障学生的作用

据不完全统计和相关案例，听障学生容易出现的生理与心理障碍有以下几类：

听障学生容易出现的生理与心理障碍表

生理与心理障碍	表现
行为障碍	违反纪律频繁，多动症，行为粗暴、打架，攻击性、反抗性强等
不良习惯	吮吸手指、衣物，喝酒、吸烟、习惯性抽搐等
性格障碍	猜疑与抑郁、狭隘与嫉妒、怯懦与自卑、对立与破坏、自私与偏执等
品行障碍	偷盗和说谎、厌学和离家出走等
儿童神经症	恐惧症、强迫行为、神经衰弱等

这些障碍会导致听障学生产生不良的行为习惯。

听障学生容易产生的不良行为习惯表

不良的行为习惯	表现
生活习惯	不按时睡觉、起床，不注意个人卫生等
学习习惯	上课注意力不集中，不做作业，没有适合自己的学习方法等
思想道德	说谎，偷窃，没有愧疚感，不愿给予他人等
人际交往能力	不愿与他人交流，欺负他人等
礼仪	缺乏基本的礼貌等
思维方式习惯	内向，自卑感严重，暴躁，做事拖延等

　　经过大量的实验和教学，可以肯定的是，具有良好的学习能力、人际交往能力以及社会适应能力的听障学生，也有较好的行为习惯。同时，矫正听障学生的不良行为，也能促进其他方面能力的发展，使他们更容易适应社会。

第四章

智障学生养成教育

第一节　智障的定义

智障：又称智力缺陷，一般指的是由于大脑受到器质性的损害或是由于脑发育不完全从而造成认识活动的持续障碍以及整个心理活动的障碍。由于遗传变异、感染、中毒、头部受伤、颅脑畸形或内分泌异常等有害因素造成胎儿或婴幼儿的大脑不能正常发育或发育不完全，使智力活动的发育停留在某个比较低的阶段中，导致智力迟滞。由于大脑受到物理、化学或病毒、病菌等因素的损伤使原来正常的智力受到损害，造成缺陷，则称痴呆。

培智就是对智障的学生进行教育，使其具有一定适应社会的能力的过程。

第二节　智障学生身心特征

一、个性心理特点

1. 学习动机缺乏

动机本身和智力没有直接关系。智障学生学习动机缺乏的原因是他们有太多失败的经历，他们的表现总是低于健全的同龄人，周围人对于他们的表现少有赞美或肯定。

他们经常受制于外部因素，如他们希望先知道怎么做是对的，然后才会去做，他们依靠别人的意志来行事，很容易在陌生环境中受骗。

2. 需要发展不平衡

一方面，智障学生缺乏认识活动的兴趣和需要，求知欲极不旺盛，很少表现出从事某种精神活动的动机；另一方面，他们的简单生理需要表现亢进，如贪吃或贪喝。这种不协调的需要发展，是理解智障学生个性发展特点困难的关键所在。

3. 不正确的自我评价

智障学生由于受到其认识水平的限制，不能够形成正确的自我评价，或过高地评价自己而沾沾自喜，或过低地评价自己而自卑沮丧。他们的自我评价有强烈的情绪色彩。

4. 偏激的心理状态

智障学生偏激的心理状态一种是极易产生冲动和攻击性行为，另一种是恐惧、胆怯、孤僻和退却。

智障学生的心理特点，是把他们的心理与行为和健全学生进行比较所得到的结果。我们必须实事求是地看待这些特征：

（1）并不是所有的智障学生都有这些的心理特征。

（2）并不是所有的心理特征无法归纳。每一个孩子都是独特的个体，必须个别考虑他们的情况。

（3）并不是所有的特征在每一名智障学生身上都出现。

（4）我们每个人都有这样或那样的缺陷，只是我们的缺陷没有造成学习上的障碍。而智力落后的缺陷会造成学习障碍，我们应该多理解、帮助他们。

二、性格特点

儿童个性的发展受遗传、家庭、社会等多种因素的影响，智障学生由于大脑发育的障碍以及家庭、社会因素的不良影响，个性也受到限制。过于溺爱、保护或过于冷漠、歧视的家庭氛围以及社会遗留的偏见，都是智障学生个性发展的不利因素，所以智障学生性格常表现出自私、固执，以个人为中心、幼稚、依赖性强或是冷漠、违拗。他们性格往往缺少灵活性，很少或根本不为别人考虑。

三、行为问题

智障学生是智力迟钝、能力低下、生活自理能力和辨别是非水平都很差。对他们的教育与训练，除了补偿、矫正他们在认知、情绪及个别个性方面的缺陷外，重要的是培养良好的行为习惯。

养成教育是施教者从教育对象的具体特点出发，给教育对象制定适当的教育发展目标，为实现这一教育目标而坚持采取适当的教育手段以达到预期的教育效果的一种教育形式。顾名思义，养成教育不是一个一蹴而就的过程，而是需要我们不断坚持、不断探索，从而才能取得良好的教育效果。这就意味着我们要有耐心和持之以恒的精神。养成教育的原则和方法在指导我们教育和训练学生方面有着重要的借鉴意义。

智障学生由于智力低下导致其存在许多不良的行为习惯，在学习习惯、文明言行习惯、生活习惯等方面都呈现出了不同的差异性，不良行为尤其严重，主要包括动作行为问题、生活行为问题、学习行为问题、适应行为问题等。

（一）动作行为问题

1. 多动、注意力缺陷

智障学生大脑发育迟滞，自控能力差，大部分都表现有注意力缺陷，也有部分伴有多动。主要表现为：

（1）注意力持续时间短，容易分心，注意力容易受外界的干扰，做事不能坚持始终，有的智障学生只能集中注意力3～5分钟。

（2）注意力分散并多动，上课时往往坐不住，身子在板凳上扭来扭去，手脚不停地晃动，不能静坐，喜欢多嘴。

2. 冲动、攻击行为

智障学生因智商缺陷导致其爱冲动并伴有攻击行为，主要表现为易激惹、冲动、破坏物品、踢打袭击他人或者辱骂别人，以发泄自己的情绪。这些行为如不及时防范，常会给他人身体带来严重伤害。

（二）生活行为问题

1. 自理能力弱、劳动习惯较差

智障学生由于智力缺陷，一般肢体的灵活性、协调性较差，加上家长过于娇惯，导致自理能力较弱，也没有劳动意识。表现为：不会穿脱衣物、不会吃饭；不会擦黑板、擦桌子、扫地；不会整理物品、收拾床铺等。

2. 卫生习惯较差

智障学生由于生活自理能力较弱导致其没有养成良好的卫生习惯，主要表现在：

（1）个人卫生习惯。智障学生在个人卫生中表现出的不良习惯主要有：随地大小便；饭前饭后、大小便后不洗手；有了鼻涕不擦任其流进嘴里或用手、衣物等擦拭；随地就坐或躺下，不注意保持衣物的干净。

（2）校园卫生习惯。智障学生在校园卫生中表现出的不良习惯主要有：随地吐痰；随手乱扔垃圾；打扫区域卫生不主动、不及时、不彻底。

3. 饮食习惯较差

表现为：吃饭时大声说话、暴饮暴食、挑食偏食、将自己不喜欢吃的食物随意丢弃或夹给同学、用手抓食物吃或捡拾垃圾吃，还有一部分智障学生存在异食行为，表现为吞食非食物性物质，如咬食玩具上的油漆、灰泥、头发、污物等，由于吞食的异物导致消化系统的问题。

4. 就寝习惯较差

智障学校的学生大都中午在学校就寝，但是他们大都没有养成良好的午休习惯，主要表现为：不遵守寝室纪律；不按时就寝；故意喊叫、欺负小同学；偷拿别人的物品；故意尿床等。这样不仅自己没有休息好，还会影响到同寝室的同学，不利于身体健康。

（三）学习行为问题

1. 学习兴趣缺乏

智障学生往往缺乏学习动机，学习兴趣不浓，学习行为懒散、不能坚持，遇到困难就逃避。

2. 学习规则没有建立

表现为：听到铃声不进教室，在操场或走廊里玩耍；上课时大喊大叫、乱插话等。

3. 听课习惯较差

智障学生上课注意力不够集中，有的上课时大喊大叫、随意走动；有的小动作较多，手里一直在玩铅笔、橡皮等小物件；有的趁教师不注意偷吃东西等。

4. 读写姿势不规范

刚入校的智障学生由于自身肢体动作缺陷导致读书写字姿势不规范，表现为：读书时，眼睛不盯书本、身体东倒西歪或趴在桌子上；写字时，不会握笔，随意抓笔，在书本上乱写乱画，不能保持书本的干净整洁等。

（四）适应行为问题

1. 适应能力弱和交往能力弱

主要表现为：有社会退缩、刻板等。特别是智力缺陷程度较重的学生常表现为胆小、害羞、低头、说话声音小、不敢目光接触、不敢与人交往、害怕见陌生人、害怕去生疏的地方、过分依恋亲人等。刚入校的智障学生还会因对学校环境不熟悉，产生哭闹不止、情绪无常、吵闹着要回家等行为。

2. 文明礼仪习惯差

智障学生因从小很少在正常的交际环境中活动，所以表现出的不文明行为非常多。主要表现在：在校园中见到老师、同学不会主动问好打招呼；上下楼梯乱跑乱撞，不能做到轻声慢步靠右行；活动集会时不遵守秩序，大声喧哗、随意乱跑；外出活动时不遵守社会公德，乱踏草皮，攀折树木花草、乱涂乱画，损坏公共设施。

3. 安全意识较弱

智障学生安全意识较弱，对周围一些危险的物品和环境往往缺乏感知，不知道如何保护自己，主要表现在：接开水时打闹玩耍，喜欢站在高处，上下楼梯不看人、乱跑乱冲，随意推搡同学，过马路不看红绿灯等。

第三节　成因分析

人的行为活动不会无缘无故地自发产生，总是由客观事物所引起的。导致智障学生行为问题的因素很多，但归纳起来不外乎主观和客观两种因素。社会、学校、家庭甚至自然环境等外在因素的影响，以及学生自身身心缺陷等内因的作用，都可能使智障学生产生行为问题。

一、智障学生的不良行为与自身缺陷有关

智障学生由于自身缺陷导致认知和语言等方面能力较低，在无法满足其自身需求时，他们会以行为问题的方式作为一种获取需要的手段，因而不同程度地存在各种各样的行为问题。再加之刚入校的低年级智障学生的智力水平仅相当于两三岁的孩子，对事物的是非认识模糊不清，造成了他们的活动能力差，情感体验匮乏。他们表现出的情感行为比较原始、低级、不稳定，怎样方便就怎样做。如果教师在平时的教育教学中对智障学生的行为问题进行观察、记录和分析，采用积极有效的方法和手段矫正，及时合理的加强良好行为的培养，这些行为问题可以得到控制和矫正。

二、智障学生行为习惯的养成与家庭教养方式有关

一个良好的家庭环境对于一个孩子的成长是十分重要的，尤其是对于智障学生，他们更需要在一个良好的环境中成长，从而弥补他们的缺陷。而良好的家庭环境首先需要家长树立良好的榜样，起到一个良好的示范作用。其次，在各种教育因素中，对智障学生行为习惯养成影响最大的是家庭教育方式。家长的爱应以培养孩子的良好行为习惯，形成良好的品行为着力点。然而在实际生活中，智障学生或是被家长过分保护、溺爱、事事包办，这部分家长的期望值很低，认为健康、安全就好，所以一点点小事都舍不得让孩子自己尝试去做，对于习惯培养不重视；或是被家长厌恶、嫌弃、不闻不问，这部分家长认为孩子是拖累、是负担，不愿负起应尽的责任和义务，除了打骂，家庭教育无从谈起；或是家长不能正视孩子智力落后的现实而提出过高的期望与要求，这部分孩子往往认知能力较好，学习知识较快，思维能力也较强。因此，家长以孩子的知识学习及特长培养为教育重点，不关注孩子的行为表现，导致孩子存在许多的不良习惯。可见，家长的观念及教养方式都会影响智障学生行为习惯的发展。

三、智障学生学习习惯和生活习惯的养成与教师教育观念相关

智障学生，特别是刚入校的一年级学生存在的不良学习习惯和生活习惯，究其原因，既与学生自身缺陷和家长教养方式有关，还与教师的教育观念转变

有关系。智障学校的教师或多或少存在忽视学生行为习惯培养的现象，在教育教学活动中，虽然也通过常规训练、生活适应课和劳动技能课对学生进行养成教育，但是教育观念不符合智障学生发展的实际，往往是堵的多、疏导的少，说教批评多、引导践行少，关注轻度、中度智障学生多，关注重度智障学生过少。许多教师还认为重度智障学生因智商过低无法进行习惯培养，自理能力的训练更是无从下手，再加之养成教育的持续性往往不足，教师训练后在实际生活中巩固训练较少，训练的有效性大大降低，久而久之，智障学生的习惯教育回归到起点。

第四节　养成教育对智障学生的作用

由于智障学生智力低下，各方面能力都稍差，不能很好地接受家长或教师给予的教育，他们的生活能力和辨别是非的能力都很差，更谈不上良好的行为习惯。所以，智障学生在进入学校进行教育训练时，教师不仅要培养他们的认知能力、生活自理能力以及个性化差异的矫正，更重要的是要培养他们良好的行为习惯。

特别是一年级的智障学生，由于刚刚进入培智学校接受教育。入校后，他们的生活方式、社会角色、活动环境等都发生了巨大的变化，这些变化必然使他们对新环境产生许多的不适应，对学校、教师和学生都有一种陌生感，他们比健全学生表现得更加紧张、焦虑和畏缩，再加上课程设置、康复训练和正规学校教育的组织纪律束缚等，智障学生都需要有一个适应的过程。再加之，刚入校的智障学生中有相当一部分没有接受过正规的学前教育，他们脑海中根本就没有上学的概念。因此，培智学校的教师必须从养成教育入手，做好智障学生入学的适应性教育。只有养成良好的习惯，才能发挥学生的潜能，为他们以后的生活和学习打下坚实的基础，使他们立足于社会，从而适应社会生活。

1. 养成教育是智障新生融入培智学校的必经之路

智障学生刚入学时，不像健全学生那样活跃，他们不会主动和教师及学生亲近。他们有的会坐在座位上一动不动，叫他（她）也不知答应，甚至一整天都不开口说话；有的看到家长离开会哭闹不止，乱踢、乱打，甚至撕扯自己的衣物；也有些自控能力差的5分钟都坐不住，一不留神就跑出教室，任你把他（她）拉回来，他（她）还照样跑。因此，智障新生要想融入学校生活，养成教育是必经之路。

2. 养成教育是培智学校教育教学的重要内容

开学初，抓好智障新生的入学适应工作是培智学校不可忽视的重要环节。智障新生的养成教育是他们迈进培智学校的第一课，是培智学校教育教学中不可缺少的重要内容，是学校全面推行功能性教育的基础性工作。这项工作做得好不好，直接关系到智障学生能否尽快适应学校生活和未来的发展，关系到学校教育能否在智障学生日后的成长中获得最大化的发展。因此，培智学校全面了解每个智障学生的生理和心理特点，切实做好智障新生的养成教育具有十分重要的意义。

3. 养成教育是调整智障学生的心态

养成教育是调整智障学生的心态，为其融入培智学校的学习做好准备的过程。

4. 良好习惯的养成对于培智学校尤为重要

良好习惯与智障学生的整个精神面貌，与他们缺陷补偿的方向密切联系，培智学校的学生要在同伴中、同学中、在家庭和邻里中争得某种稳定地位是相当困难的。为了适应周围的环境，满足自己的不同需要，他们会采取一些补偿方法。这种方法可能是消极的。例如，为了吸引别人的注意或者获得所希望的某种东西，他们可能借助撒野，作出丑态百出的举动，也可能通过强力对别人突然袭击，进行抢夺，还可能利用撒娇，无休止地哭泣或乞讨。这些行为几经重复，就会成为习惯，进而变为他们的性格特点，导致他们的问题变得日渐复杂和严重，最终使他们成为不受欢迎的人。但是，在良好的教育环境的影响下，他们可能通过积极的补偿方法，恢复和发展一些积极的心理品质，形成良好的习惯及健康的个性品质，发展为对社会有用的人。正如一位名人所说："习惯就是弱智儿童的一切，就是使他们或者得救，或者毁灭的一切。"

反复训练最适合智障学生的特点。如前所述，智障学生很难理解掌握抽象的是非标准和道德规范。只有先导之以矩，按照一定的行为准则进行训练，使所希望的行为逐渐发展为他们的习惯，才能在以后的贯彻实行中逐步理解实质含义。同时，智障学生的语言调节功能显性削弱，他们不能以用言语表达的行为准则和其他要求调节自己的行为。只有通过反复训练的习惯培养，才能矫正或部分地补偿缺陷，最终通过正确行为习惯逐步引导他们进行语言概括，不仅知道如何正确地行动，而且懂得为什么要这样做。

实行智障新生养成教育，是入学适应的重要内容，是为了使智障学生的身心获得调适，为他们今后的学习生活提供生活态度准备、行为习惯准备以及社会交往能力准备；帮助他们尽快走进校园，认知新环境，适应学校生活，喜爱学校生活；教师才能顺利开展好教育教学和康复训练工作，也可为以后的学校教育教学管理活动打下坚实的基础。

第五章

特教学校学生养成教育策略

第一节　特教学校学生养成教育基本理念

一、以关注学生的特殊需求为出发点

关注残疾对学生所造成的特殊影响以及个别差异，以他们在学校和生活适应方面的特殊需求为出发点，以问题为导向，开展系统而有针对性的补偿教育，提升他们在生活、学习、人际、情感态度、价值观等方面的能力。

根据皮亚杰的认知发展理论，认知发展是指个体自出生后在适应环境的活动中，对事物的认知及面对问题情境时的思维方式与能力表现，随年龄增长而改变的历程。学生的认知也是由简单到复杂、由具体到抽象、由被动到主动、由凌乱到成体系的过程的，这和皮亚杰认知发展是一致的。教育者在行为习惯教育过程中，遵循这一原则，通过具体的事情和实物进行教育，效果才能出来。

二、以促进学生潜能开发与缺陷补偿性发展为目标

通过行为习惯养成，培养学生的最终目标是为了促进他们的个性需求发展，让他们有尊严、独立、高质量地生活。注重增强学生的认识能力，调整他们的不良行为习惯方式，拓展并发展现有的能力，挖掘潜能，发展出更高层次的能力，通过触觉、听觉、嗅觉等感知觉的锻炼和提升，进行对视觉缺陷的补偿，让他们积极主动地适应学习和独立生活，促进个体的独立性和生活质量。

根据人本主义思想，让学生对自己的事情负责，让学生对自己的生活和发展负责，有目的地带入到一定的任务当中，在任务中提升个人的存在感和自我

认同，逐渐在训练中提升自我的各项能力。

三、以情境教学和活动体验为主要方式

通过情境教学和活动体验等方式增进学生对实际生活中新环境和新问题适应问题的了解，正确认识残疾对适应的影响，并掌握一些基本方法以应对和解决相关问题，提高其适应能力。

杜威的实用主义哲学中提到，"学生中心""活动中心""经验中心"的"新三中心论"中，学生的知识技能的增长是通过现有的活动经验提升的。对残障学生来说，这种理论更贴切，可以在情景或活动过程中，刺激存在的视觉、听觉、嗅觉、触觉等感知觉的能力提升，逐步提升认知能力。杜威认为人们在社会中参加真实的生活，才是身心成长和改造经验的正当途径。所以，教师要把教授知识的课堂变成学生活动的乐园，引导学生积极自愿地投入活动，在活动中不知不觉地养成品德、获得知识，实现生活、生长和经验的改造，逐步提升学生的行为习惯，逐步提升生活、学习、人际交往等能力。

残障学生心理发展的趋势和规律与健全学生基本相同。心理的发展都是在活动和实践中发展起来的。因此，感知觉训练要在活动当中，以游戏等学生感兴趣的方式进行。另外，残障学生的感知觉训练不能与实际社会生活脱节。现实生活中，很多家长出于安全的考虑或自身的自卑心理而剥夺了学生很多的活动及与外界交流的机会，把其紧紧地"保护"在自己的周围，这不是保护，而是对他们发展条件的剥夺，对残障学生是百害而无一利的。因此，残障学生的感知觉训练应在活动中进行，与现实生活相结合，在活动当中，在实际的社会生活中发展感知觉。

第二节　特教学校学生养成教育目标

一、视障学生

1. 生活方面

（1）认识自身残疾对家庭、学校和生活的影响，了解学校生活环境中常见的安全隐患。

（2）培养自我保护意识，形成积极的生活态度。

（3）提高生活自理能力，掌握基本的生活技能。

2. 学习方面

（1）认识学习的重要性，了解学习与自身发展的关系。

（2）激发学习兴趣，形成合作意识；克服学习困难，养成良好的学习习惯。

（3）能够有意识地利用各种资源去支持、促进自身的学习。

3. 思想品德方面

（1）初步养成良好的生活、卫生习惯，养成基本的文明行为习惯。

（2）乐于参加劳动和有意义的活动，保护环境、爱惜资源。

（3）逐步培养社会主义核心价值观，做一个独立、自主、爱国、友善的人。

4. 人际关系方面

（1）认识自身及其在学校和班级中的角色，了解人际交往的常识。

（2）学会尊重他人，具有感恩意识；乐于与人交往，做到诚实守信。

（3）掌握基本人际交往技能，学会与他人友好相处。

5. 个人发展方面

（1）了解今后主要能够从事的职业及职业特点。

（2）了解今后发展所需要的知识储备和能力技能。

（3）体验职业成就感，能初步规划个人发展目标。

6. 个人不良行为纠正方面

（1）了解已有的不良姿势对身体和心理的影响，认识优美体态的重要性。

（2）在日常生活和学习中学习正确的坐姿和站姿。

（3）学习用正常步态和姿势行走。

（4）知道自己的不良"盲态"等刻板行为，愿意主动参与刻板行为的矫正。

二、听障学生

根据听障学生的自身特点和社会需要，可以将听障学生的行为习惯养成教育目标分为生活习惯教育、学习习惯教育、思想道德教育、人际交往能力教育、思维方式教育和个体完善与发展教育六个方面。

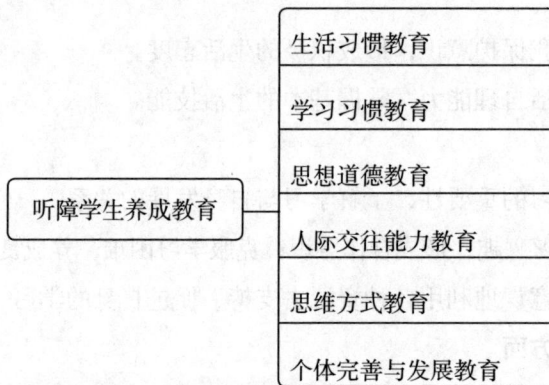

```
                          ┌─── 生活习惯教育
                          │
                          ├─── 学习习惯教育
                          │
                          ├─── 思想道德教育
  听障学生养成教育 ────────┤
                          ├─── 人际交往能力教育
                          │
                          ├─── 思维方式教育
                          │
                          └─── 个体完善与发展教育
```

听障学生养成教育目标

（一）生活习惯教育

1. 掌握基本的生活能力

（1）掌握吃饭、如厕、洗手、洗澡等生活基本技能。

（2）掌握整理物品、清洁自己、清洁房间等生活技能。

（3）掌握基本的管理自己财务的能力。

（4）掌握缝衣服、简单修理物品的生活技能。

（5）知道交通规则，会买车票等独立出行的能力。

（6）能够承担审核自己年龄段的家务和日常劳动。

2. 拥有良好的生活习惯

（1）有清洁自己的意识，知道早晚刷牙洗脸、饭前便后洗手、勤洗澡，打扫自己的房间。

（2）能独立完成日常的生活。

（3）有时间观念，合理安排作息时间，能按时完成自己的生活安排。

3. 拥有良好的生活适应能力

（1）能及时捕捉自己生活所需要的信息。

（2）能进行独立外出和取钱等活动。

（3）能和健全人进行交流，遇到问题能找人帮助。

（二）学习习惯教育

1. 能够认真听课，不打扰别人，积极发言。

2. 养成主动课前预习、课后复习、认真完成作业的习惯。

3. 能够勤于思考、勤于提问、积极探索，将学习知识联系到生活实际中。

4. 学习有计划、有目标，能主动完成学习安排。

5. 激发学习兴趣，能够通过图书、网络进行课后的补充学习，主动学习各项技能。

6. 掌握一些学习方法，并最终找到适合自己的学习方法。

（三）思想道德教育

1. 了解国家的宪法和法律法规，能够遵守学校纪律。

2. 拥有分辨是非的能力，拥有正直、诚实、守信的品质。

3. 进行爱国主义教育，弘扬民族精神，感受中华传统文明。

4. 增进关心社会的兴趣和情感，养成亲近社会行为。

5. 爱护公共财物，具有社会公德意识。

6. 正确认识个人与集体的关系，能够自觉维护集体的荣誉和利益。

7. 了解生命的意义，具有自尊和尊重他人的意识。

8. 具有感恩的意识，孝敬家长，尊敬教师，友爱同学，尊重他人。

9. 具有珍惜时间的意识，不浪费自己或他人的时间。

10. 爱惜资源，不浪费粮食、水、电，有节约意识。

（四）人际交往能力教育

1. 沟通与交往

（1）知道人际交往的作用和必要性。

（2）热情、友好地对待他人，不要随便对他人乱发脾气。

（3）树立主动与他人沟通的意识，知道一些常见的沟通方法。

（4）知道正确与异性交往的方式。

（5）以平等的态度对待他人，不欺负弱小，遇到欺凌懂得求助。

（6）能与他人合作，共同解决问题，尊重他人的意见。

2. 礼仪教育

（1）知道礼仪的重要性，树立礼仪意识。

（2）知道常见的礼仪方式，包括见面问好、待客、做客、交谈的礼貌用语等。

（3）知道不同的节日、场合和地点应使用的礼仪。

（4）知道不随地吐痰，不乱扔纸屑等文明行为。

（五）思维方式教育

1. 正确认识生活中的困难和逆境，提高心理承受力，保持积极进取的精神状态。

2. 理解情绪的多样性，学会调节和控制情绪，保持乐观心态。

3. 主动锻炼个性心理品质，学会不依靠、不等待他人的帮助，树立自立自强的信念。

4. 遇到问题主动寻找有效的应对方法，学会用科学的方法分析问题，解决问题。

5. 体验行为和后果的联系，知道每个行为都会产生一定后果，人应该对自己的行为负责。

（六）个体完善与发展教育

1. 悦纳自我

（1）了解自己的优、缺点，正确认识自己。

（2）正视自身的残疾，不自卑，也不过度自尊，接纳自己。

（3）树立科学的人生观和价值观，为将来适应社会做准备。

2. 矫正不良行为

（1）知道听障学生常有的不良行为，与自身进行对照。

（2）在教师和家长的帮助下，了解自身问题，并有针对性地进行改正。

3. 发展规划

（1）树立正确的理想，合理规划职业发展，形成可行的方案。

（2）通过个人发展规划了解所应具备的能力，并主动提升不足的能力。

（3）形成终身学习的意识。

三、智障学生

（一）智障学生养成教育的总目标

以生活教育为导向，以提高智障学生的生活适应能力为核心，结合其身心发育特点，引导他们养成良好的日常行为习惯、文明礼貌习惯、学习习惯、生活自理习惯、卫生习惯等，以适应日常生活的需要，为其今后融入社会生活奠定基础。

（二）智障学生养成教育的具体目标

结合智障学生的实际发展需求，将总目标细化为生活习惯、学习习惯、行为习惯、安全习惯等四个方面的具体目标：

1. 生活习惯

（1）自己的事情自己做，能自己整理书包、收拾房间，整理衣物和被褥。

（2）养成良好的饮食习惯，做到饭前洗手、饭后擦嘴，不挑食、不浪费饭菜。

（3）养成良好的就寝习惯，做到按时就寝。

（4）养成良好的卫生习惯，做到文明如厕，大小便入池、手纸入篓，便后及时洗手，每天洗脸、洗脚，早晚漱口、刷牙，会整理桌椅、做好班级值日生。

（5）熟悉学校环境，能运用已有的常识，适应学校生活，遵守学校一日生活秩序。

2. 学习习惯

（1）学会整理自己的学习用具，做好课前准备。

（2）读写姿势基本正确，能认真书写作业、做到指读。

（3）上课时能安静地坐在座位上，认真思考、积极发言，发言时不乱喊、要举手。

（4）学会保护书籍、爱护图书。

（5）按时完成家庭作业，养成良好的作业习惯。

3. 行为习惯

（1）养成举止文明的习惯。见到教师能主动问好，在走廊和楼梯上遇到教师让其先行；能自觉使用"请""您好""谢谢""对不起""再见"等礼貌用语；在接受别人的帮助时，能微笑着向别人致谢；观看比赛或演出时能文明喝彩；未经允许，不动他人的东西。

（2）养成遵守秩序的习惯。按时到校，不迟到、不早退，放学后按时回家不贪玩；上下楼梯能自觉排队、不拥挤，做到轻声慢步、靠右行走；课间和午休时不在走廊里追逐打闹、大声喧哗；升降旗时面向国旗肃立，不大声喧哗、不随意走动；集会时能到指定位置有序就座；在公共场合能遵守纪律、不大声喧哗；做操时，做到动作整齐、用力、到位；课间活动时，做到有序活动、不打闹。

（3）养成爱惜个人物品和公共设施的习惯。爱惜学习用品，不在书本上乱写乱画，不撕扯作业本，不随意丢弃铅笔、橡皮等文具；爱惜红领巾，做到不随意摘取、玩耍、撕咬红领巾；爱护学校公共设施，做到轻开轻关门窗，轻拿轻放物品；不在课桌、墙壁上乱写、乱划、乱贴；爱护学校的花草树木，不乱踩绿地，不随手折花。

（4）养成良好的社会交往习惯。愿意和同伴分享玩具、图书、食品等；乐意与人交往，能主动与别人交流，待人友好大方；能主动地参与学校或班级活动；乐于关心帮助有困难的同学。

4. 安全习惯

（1）上下学有秩序，红灯停、绿灯行，不横穿马路或翻越栏杆，不在马路上追跑打闹。过路口，一看、二让，绝对安全时再通过。

（2）在运动中，能听从教师的安排，在活动中不做带有危险性的动作，不参加危险性较大的活动。

第三节　视障学生养成教育实施策略

行为习惯养成教育是以学生的生活、学习习惯及行为动作为基础，同时贯穿个人发展过程中的所需心理健康、康复、安全意识培养、定向行走、职业发展规划、人际交往等综合性教育，以培养具有良好行为习惯、热爱生活、热爱祖国、乐观向上、敢于探究、独立自主生活，高质量的生活方式为目标的活动型综合内容。在培养行为习惯方面，我们可以从以下方面开展。

一、打好基础性和系统性教育原则

行为习惯养成教育作为综合性教育内容，是从小开始进行养成教育，是针对视障学生进入学校后吃、穿、住、用、行等涉及的基本知识和技能的补偿教育，还是对其心理健康、文明礼仪、人际交往等包含的基本情感和态度的教育。

打好良好的行为习惯基础和系统的培养，有助于视障学生今后生活、学习、人际交往以及今后职业技能的全面发展，促进视障学生更和谐地融合到主流社会，实现自我价值，也能为社会主义建设作出自己的贡献。

案例：

视障学生王某，女，今年是第二年考硕士了。硕士分数线下来后，她考了340多分，应该够国家线了。近些年，国家对于视障学生的高考已经完全开放，视障学生有权利、有能力参加普通高考，与健全人一起享受高等教育，王某便是其中一员。王某从小就有一个梦想，考入高等教育学校，接受高等教育。为此，她来到盲校后，认真读书，学习盲文和定向等特殊课程，同时在妈妈的陪伴下，跟着学校学习汉字。

前几年的考试还是进行单招，王某考入了长春大学特殊教育系读按摩专业，这几年，政策变化，视障学生可以参加普通高考了，王某的心愿可以实现了。她第一次参加西北师范大学教育系硕士考试，整个甘肃考试院都非常忙

89

乱，这种事情接待还是没有经验，王某也是由于英语发挥不好，最后落榜。第二次听说，尽管因为王某一个人考试要花费要十万左右，但是必须要考试，满足特殊需求。王某考试时间比较长，答卷用了四个小时，这也是盲文卷比较费时的原因。考完后，王某给监考老师说了声，"谢谢，辛苦了"。单独考场监考的老师很是感动，觉得王某太有礼貌了。

有很多像王某一样的视障学生在争取自己的权益，国家也在保护这些视障学生的权益，让其享受着公平的教育机会，发挥出更大的贡献。今后，视障学生的发展的希望更大了。2018年教师资格证考试，视障学生也能参加了，期待明天更美好。

生活、学习习惯的培养对视障学生是非常重要的，为今后的发展提供了必要的基础性保障。只有做好行为习惯的培养，才能让视障学生更融洽地进入到主流社会当中，更好地为社会建设出力，体现出国家的公平教育。

学校开展行为习惯养成教育，必须科学系统地进行，遵循视障学生认知特点和对现有的行为习惯的调查，有目的、有计划地通过学校团队合作进行有效的行为纠正康复或者能力的提升。

一般来说，学校需要一个团队进行这种行为习惯的制定，团队教师里面要有心理教师、医学教师、体育教师、音乐教师、班主任和任课操作教师等。通过《感觉统合发展性筛查检核表》〔附录觉统合发展性筛查检核表（视障），由北京联合大学张琳教授提供〕等前期的调研，制定出班级和个人的发展性计划，并在实施中做好记录，反馈好下一阶段的训练计划。

行为习惯养成教育要从认识自己、训练感知觉开始。先讲感知觉，应该帮助视障学生学会对声音形成有意注意，让其学会自己定位声源，通过吹哨子等游戏训练，并且适当地增加难度，选择在嘈杂的环境中训练，增加他们对声音辨别的准确度。

在触摸觉部分，要加大视障学生的触摸范围，增加精细物体的触摸频率，练习灵敏度，以便练习辨别盲文符号。在注意方面，要利用视障学生有意注意较为突出这一特点，教师应该加强课堂互动，细心观察学生学习的情绪、课堂气氛的变化，善于通过调动学生多种感觉器官的参与来维持学生的注意力。

此外，教师要突出教学语言的具体，生动有趣、深入浅出，利用视障学生的听觉注意提高学习效果。依据他们的记忆特点，日常教学过程中，教师可以这样对他们的记忆力培养：

1. 灵活运用教具，增进形象记忆。

2. 运用多种感官促进记忆。

3. 善用比喻，让学生联想记忆。

4. 加强复习，积极强化记忆。

视障学生的想象带有个人愿望和情感色彩，容易根据语音、语调判断陌生人特点，使他们有时易被一些假象所迷惑，从而上当受骗。在家庭教育和学校教育中，应针对这些问题给予安全辅导，以免引发不良事件。在教育视障学生的时候，不仅要进行文化知识的传授，更要加强视障学生的情绪情感教育，积极引导和帮助视障学生将负面情绪转化为积极情绪。另外，多创造条件让他们与健全学生一起活动；通过主动接触，增强健全学生对视障学生的了解，逐步改变周围人对待视障学生的态度。所以，要加强视障学生社会适应能力的培养，要高度重视视障学生的早期教育、开设社交技巧课程、提高视障学生社会交往能力，更要积极创设条件、扩大视障学生社交范围。

基本习惯培养系统流程（见附录行为习惯养成教育系统流程表）。

二、模拟情景需要贴近生活原则

根据杜威实用主义哲学理论，在视障学生中以生活、学习、人际关系、职业规划为基础的行为习惯教育内容，以学生在真实生活情境中所遇到的学校、社会、家庭等适应问题为导向，强调通过创设情境、设计并组织体验活动开展教育活动。学习既是学生生活的组成部分，又是学生在教师指导下真实体验生活、主动参与生活、创造自己生活的过程，通过生活学习提升自我的能力，通过情景提升自我的价值及经验，通过模拟情景增加实际生活中的实际问题解决能力。

视障教育中的很多行为习惯养成教育要在情境中进行，只有让学生具有代入感，才能更好地进行教育，教育效果才能得到体现。通过实践当中的外出集会、参加活动等反馈，提升学生的良好素养，视障学生的获取知识渠道最好的办法也是在实践场景中获取，这样效果更好。以活动为教与学的基本形式，呈现形态主要是学生直接参与的主题活动、游戏和其他实践活动；目标主要通过学生在教师指导下的各种教学活动过程中的体验、感悟和主动建构来实现。

三、对缺失的功能要具有补偿性原则

坚持以学生为本，关注学生在行为习惯养成过程中的特殊教育需要，使学生正确认识视力残疾对其生活、学习的影响，促使学生主动调整自己的行为方式，应对环境改变以及今后生活适应过程中的问题，形成乐观向上、积极适应的态度，促进学生健康发展。

视障学生由于视力的限制，对于获取行为习惯养成方式只有教育者才能更好地提供，家庭、社会等教育在教育中作用比较小，由于视力缺陷造成接触渠道狭小，不经过系统化的教育，对其影响还是比较大。

对于视障学生来说，行为习惯养成教育起到了更好的康复作用。本校近些年来，招收了一些多重残疾学生，这些学生以自闭的情况比较多。通过行为习惯的养成教育，好几名学生取得了较大的进步，甚至有几名学生现在可以和别人正常交流，学习方面虽然还是慢一些，但能学到一些知识。

四、对学生潜能要有开发发展性原则

教学目标随着学生生活及活动过程的变化和需要不断调整，通过一段时间的教育，开发出学生的潜能，让学生具有良好的品质。

视障学生的图形感是比较欠缺的，先天的图形成信息的通道被堵塞，很难形成空间感和方位感。行为习惯的养成教育，让学生从开始进行实物触摸，按照一定的方位进行触摸，按照一定的规律形成记忆，这样逐渐培养出学生的心理地图和方位，今后的学习有经验探索，可以更好地进行更深层次的学习。

全盲学生张某，折出的花瓶非常漂亮。他利用先从点位的记忆，到空间位置的判断，可以画出漂亮的图形。数学课中，几何部分空间图形的展开和折叠问题也是回答得非常好，激发出学生的潜能。视障学生田某，是一个画图高手。对于其他同学来说比较难的图形，他信手拈来，数学中的直方图、折线图、圆等都可以绘制出来。

五、教育方式要有多元开放性原则

行为习惯养成教育，不是局限在某个时段和时期，而是随着时间和能力的增长而进行的一种开放式培养，只有入学教育比较集中，而其余习惯养成均可以采用开放式的教育形式，多元的培养手段，促进习惯的形成。

比如，视障学生打扫教室和家庭卫生方面，首先培养他们的良好习惯，放东西有位置，安全并有效的秩序习惯有了之后，逐步学习擦桌子、捡东西等，随后学习打扫卫生，一般按照退步一行行扫的办法，这样卫生整体效果就会很好。随着年龄的增长，这种能力也会越来越强。

养成教育要面向学生入学之后的学习生活世界，教学内容从学生生活的各个方面入手，课堂评价也要具体多元，全面关注学生丰富多彩的体验和个性化的创意与表现。

对于视障学生接收信息刺激少的特点，教育者可以利用辅助工作和现代化手段，提升这方面的接触面。对于阅读量少的特点，可以利用智能手机进行直接汉文阅读，增加知识储备能力，提升思维理解能力；对于图形或者物体，可以借助三维打印技术，造成一些实物模型，再配合语言，效果显著提升。

六、思想上要对行为习惯养成要有迫切原则

对于健全学生而言，良好的习惯受益匪浅，可以帮助其更好地发展乃至成功，而对于视障学生而言，不仅仅这些发展需求，前期更是一种生存和生活的必要教育。接受过教育的视障学生，其今后的生活和发展不同而语，具有质的飞跃。通过近些年来的观察和统计，具有良好行为习惯的视障学生的发展非常高，很多人的生活甚至超越了普通人的生活质量，来学校参观的部分人，看到他们的自我独立能力后，感觉很吃惊，有心将自己健全的孩子送过来学习，也养成这种独立好学的良好品质。这些实际上也是我校坚持行为习惯养成教育优先的成果，让病理缺失在视障学生的发展中影响减少到最低，让视障学生都能自尊、自立的生活。

七、家庭、学校、社会三位一体化原则

视障学生能接受教育，说明家庭和社会对他们还是有一定的要求的。在学

校的引领下，开展好指导行为习惯的养成教育，学校作为家庭的生活延续，而家庭要作为学校的教育延伸和继续，社会作为大教育环境，是对家庭教育和学校教育的一个延展，构建学校、家庭和社会的三位一体的一体化教育。

因视障学生视觉损伤的因素，教师、家长对视障学生比对健全学生在学业成就上期望低，而这种低期望（low expectation）对其成就影响很大；视障学生由于学习特殊课程，如盲文、定向行走、珠算、日常生活技能等，占去了他们一大部分时间，而且大多需要穿梭往返于几个地方，因而他们有效的学习时间过短；视障学生盲文、大字课外读物过少，工具书更少，从而影响视障学生知识面的扩大与丰富；视障学生教育成本过高，而能为其提供教育服务的师资质量有待于提高，教学方法不够恰当，促使形成偏差。因此，视障学生行为习惯养成必须形成一个三位一体化的教育模式，才能补短增长，促进视障学生的发展。

在这种教育中，由于目前家庭和社会的能力还不够，必须以学校为主导，家庭延伸和社会力量共同的发展。视障学生入学后，经过学校团队调研，制定详密的计划，分配好任务，进行行为习惯养成教育。

在这特别强调的是，家庭和社会的功能不可或缺，很多习惯的培养缺失家庭和社会的配合，效果会大打折扣，甚至没有效果。学校在建立行为习惯养成成立团队的时候，务必将家长纳入团队当中去：一方面，通过家长可以更好地了解学生的情况；另一方面，不同的个体差异性，需要采取不同的方式或训练时间等，家长可以弥补这种缺失和短板。还有，视障学生先天视觉缺陷，造成对周边环境的改变具有抗拒力、安全感比较差，家长作为最亲近的人，可以弥补这些缺失，至少在行为习惯养成过程中，可以起到补充作用，否则新建立关系也是比较费时费力，效果不佳。还有些心理健康教育、青春期性教育，教师有时候不是很方便，家长的位置还是不能替代的。

在学校教育一段时间后，家庭需要作为延续延展，如个人卫生、吃饭等，不能在学校时训练，一回家就放弃，又回到家长包办的时代，训练效果也会事倍功半。

社会作为视障学生从家庭到学校的过渡，以及由学校毕业到社会的过渡，肩负着检验效果、进行延展的任务。学校生活中，通过社会部分的训练，让视障学生达到真正的融合效果。比如，在外出户外拓展中，学校才能发现更多的问题，从而进行针对性训练，这种检验必不可少。通过与外界普通人的接触，可以训练视障学生的人际关系处理能力，可以让其心理更健康，正确面对现状，积极的生活，建立健康的价值观、人生观和世界观，消除焦虑、恐惧、自卑等负面情绪。这些效果，学校心理教师怎么教育也不会长久改变，只有通过社会接触等长时间逐步消除。

多创造条件让视障学生与健全学生一起活动；通过主动接触，增强健全学生对视障学生的了解，逐步改变他们对待视障学生的态度。所以，要加强视障学生社会适应能力的培养要高度重视视障学生的早期教育、开设社交技巧课程、提高其社会交往能力，更要积极创设条件、扩大社交范围。

八、教育过程中纠错和正面培养统一性原则

视障学生进入学校之时，在行为习惯养成教育中，已经在很多方面出现了心理和生理的偏差，所以培养习惯方面多以纠错为主要形式。然而，改变一个人的行为习惯比培养一个人的行为习惯更加费时、费力，效果还不是明显。而进入学校后，学校还要承担起培养学生良好的学习习惯和人际交往以及今后的职业规划等重要任务，所以行为习惯养成教育纠错和正面培养相互结合，相互统一性进行，以便达到事半功倍的效果。

在设计行为习惯养成的时候，多以正面培养为主，以鼓励、积极评价为主，逐步建立视障学生的自信心，逐渐消除心理障碍，通过训练，增强个人其他功能的优势，"以手代眼""以耳代眼"，尽可能消除病理性造成的问题，为视障学生的学习打好坚实的基础。

纠正肢体动作和刻板行为的时候，以重新建立正确姿态为主，在训练中由良好习惯代替不良习惯，这样学生也容易接受。比如，视障学生走路基本上是脚往外张开，这是由于自身安全原因逐渐造成的，纠正的时候，可以让脚后跟贴墙站立，锻炼感觉和习惯，逐步消除不良习惯。

九、行为习惯养成教育长久持续性原则

行为习惯的养成是一个长期的、持久的、反复的过程。在行为习惯养成教育过程中，教师及时地进行反馈，为下一阶段的任务打下良好的基础。视障学生在5岁关键期的习惯养成缺位较多，所以纠错功能相对比较多些，纠错不是一

朝一夕就能改正过来的，是一个对症进行调节进行尝试的过程，所以时间方面比较长。

另外，由于先天视觉功能的缺失，我们需要反复训练听觉、嗅觉、触觉等感知觉，通过这些感知觉的提升或者超于正常人，才会有代偿功能的体现，才能将信息尽可能地自我整合和认知，减少或降低思维认知的偏差。

比如，很多视障学生的背部感觉像驼背一样，实际上由于缺安全感，还有长时间的辨清周边环境形成的，可以利用贴墙站或者带背背佳之类的工具辅助养成新习惯。

十、个别教育与整体教育相结合的原则

学生来自四面八方，家庭教育环境不相同，病理病因也有差异，造成的影响各异，所以行为习惯养成方面的个别教育不能缺失。学生进入学校后，培养的教学计划不能一个一个进行，必须以班级为单位，所以在整个行为习惯教育过程中，个别教育与整体教育相结合，在整体教学中对个人进行及时性评价，让班级学生都能达到相应的水平和能力。

学校对视障学生进行的个别化教育是在对每位学生进行全面评价的基础上为其独立发展制定培养目标，学生从进校到毕业，将得到全方位的教育，而这种教育是递进式的，层次分明。学校教育与家庭教育、社区教育的关系将更加密切，教育的开放度得到了极大提高。实施个别化教育，有利于教师全面观察和发现学生的长处，并给以有效地知识支持。对于特教学校来说，无论是学校和教师都要将学生今后的发展，特别是社会适应能力的培养放在首位，这就是体现了"以人为本"的思想，也就决定了对视障学生在教育手段上必须要具有多样性。

学校授课是以班级为单位，在班级教育中可以增强学生更强的学习动力，更积极的态度和团队协作、人际关系的提升等。在设置情景的时候也是保持情景的整体性，通过整个过程的体验，达到比较完整的经验和认知。

比如，定向行走训练作为视障学生必须学习的行为习惯技能内容，学校是根据年龄阶段和认识特点进行全班授课的，首先是从认识方位、身体部位，训练感知觉开始，这是一个整体授课的过程，而在教授的过程中，又要注意到个人的差异性、低视力和全盲的差异、每位学生能力的差异，所以又需要个别化

教育。甚至有些专家提出，定向行走必须是个性化训练的，通过自身需求量身制定计划的，然而对于基本的沿物走，熟悉教室等还是教室里统一说明要求之后再进行个人指导效果更好。所以，整体教学中注重个别化训练，个别化训练中注意整体性，学生互相的引领作用也是不容小觑的。

十一、入学教育对于养成教育的积极作用

养成教育作为综合实践性校本课程代替学校适应等课程教材，是通过综合地应用多种措施，减轻视力残疾造成的功能障碍，提高学生身心、社会功能水平的实践性、补偿性课程。学校通过从一年级入学教育开始，从视障学生从幼儿生活向小学生活过渡并逐步适应学校生活的重要关键时期抓起，这也是视障学生品德和行为习惯、生活态度、认知能力发展的重要时期进行。行为习惯养成根据社会时代发展的需要，以及视障学生身心发展的特点而设置，引导其更好地适应学校生活和今后面向社会，形成良好的品德和行为习惯，在充满探究与创造乐趣的学校生活中，爱学习、爱劳动、爱祖国，为学会生活、学会做人打下基础。

第四节　听障学生养成教育实施策略

一、教育一致性

对于听障学生的行为习惯养成教育，最重要的一个原则就是教育一致性原则。教育一致性原则是指学校、家庭和社会各方面的教育力量，按照德育目标和任务，步调一致地对学生进行思想品德教育。

学生的行为养成教育不是孤立地由班主任或者家长就能做好的，这关系到政教处、教务处与生活处的相互配合，各处室与班主任的相互配合，班主任、生活老师、任课教师与家长的相互配合，教师与学生的相互配合，无论缺少哪一个环节，实施教育的过程都会产生问题。

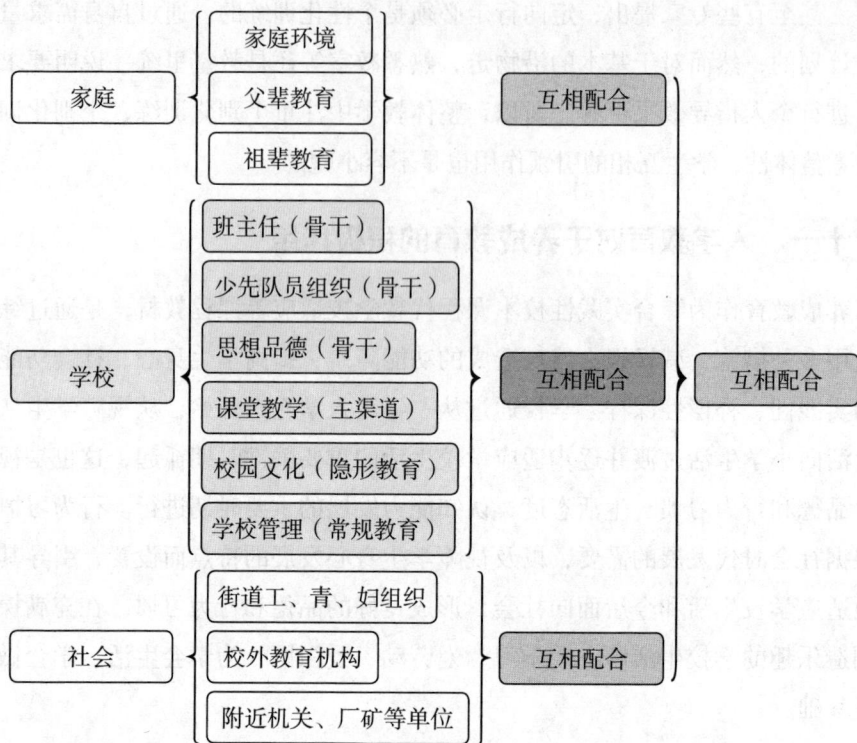

```
              ┌──────────┐
              │ 家庭环境 │
              └──────────┘
   ┌──────┐   ┌──────────┐   ┌──────────┐
   │ 家庭 │ ◄ │ 父辈教育 │ ► │ 互相配合 │
   └──────┘   └──────────┘   └──────────┘
              ┌──────────┐
              │ 祖辈教育 │
              └──────────┘

              ┌──────────────────┐
              │  班主任（骨干）   │
              └──────────────────┘
              ┌──────────────────┐
              │少先队员组织（骨干）│
              └──────────────────┘
   ┌──────┐   ┌──────────────────┐   ┌──────────┐   ┌──────────┐
   │ 学校 │ ◄ │  思想品德（骨干） │ ► │ 互相配合 │ ► │ 互相配合 │
   └──────┘   └──────────────────┘   └──────────┘   └──────────┘
              ┌──────────────────┐
              │课堂教学（主渠道）│
              └──────────────────┘
              ┌──────────────────┐
              │校园文化（隐形教育）│
              └──────────────────┘
              ┌──────────────────┐
              │学校管理（常规教育）│
              └──────────────────┘

              ┌────────────────┐
              │街道工、青、妇组织│
              └────────────────┘
   ┌──────┐   ┌────────────────┐   ┌──────────┐
   │ 社会 │ ◄ │  校外教育机构  │ ► │ 互相配合 │
   └──────┘   └────────────────┘   └──────────┘
              ┌────────────────┐
              │附近机关、厂矿等单位│
              └────────────────┘
```

教育一致性

（一）学校内部的一致性

1. 教学目标的一致性

无论是养成教育，还是其他学科的教育，首先应当有一个整体的教育目标，只有提纲挈领，才能保证教育不会偏离轨道。目前，国家并没有关于行为养成方面的总目标，各个学校应该按照学生的实际情况制定合理有效的整体目标，在根据整体目标对行为习惯养成教育的实施模块进一步细化。

行为习惯养成教育可以根据听障学生的行为特点和年龄阶段进行划分。

（1）根据听障学生的行为特点划分

听障学生看似比较容易适应社会，但经过社会调查发现，由于语言无法沟通，听障学生的就业率远远低于视障、肢残学生，而失业率较高。这除了与社会环境有关以外，也和听障学生自身素养较低、不良行为较多有关。为了全面矫正不良行为，听障学生的行为习惯养成教育可以分为生活习惯教育、学习习惯教育、思想道德教育、人际交往能力教育、思维方式教育和个体完善与发展教育。

由于听障学生存在着明显的个体差异，即使是相同的教育方向，所能达到的目标也是不同的。比如，可以将学生按照差异分为A、B、C三类，每一类设置不同的目标。初中听障学生在理财教育的目标可以设为：

初中听障学生理财教育分层目标

级别	目标
A	1. 了解家长的钱来之不易，有不乱花钱的意识 2. 花钱之前有明确的规划 3. 可以独自到银行取钱 4. 能够妥善放置自己的财物
B	1. 知道不能乱花钱 2. 知道花钱之前先询问班主任或家长 3. 能够在银行人员的帮助下取钱 4. 能够妥善放置自己的财物
C	1. 知道不能乱花钱 2. 知道财物不能乱放，必要时可以要求家长或班主任帮忙管理

（2）从年龄和层次划分

如果从学生的年龄和层次上划分，则可以划分为入学教育、小学1～3年级、小学4～6年级、初中和高中。

在制定教学目标的时候，应当充分考虑学生的年龄和所在的年级，目标设定要有一定的差异性和连续性。仍然以理财教育的目标为例，不同年级的听障学生的目标可以设为：

不同年级的听障学生的理财教育目标

级别	目标
小学	1. 认识数字和元角分的含义 2. 知道买东西要花钱
初中	1. 知道不能乱花钱 2. 能够妥善放置自己的财物 3. 能够独立或在他人的帮助下取钱

续 表

级别	目标
高中或中专	1.有合理消费的意识，花钱有计划性 2.可以独立到银行去取钱 3.会使用网银，有一定的防诈骗知识 4.有一定的理财观念 5.初步拥有经济学知识（银行、利率、五险一金）

在确定了行为养成的教育目标后，学校有责任和义务对教师、家长和学生进行有关行为习惯养成方面的系列培训，再由教师和家长对学生进行养成教育的实施，学生之间进行相互教育和自我教育。

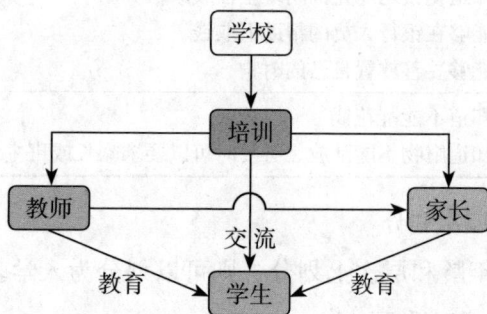

学校、教师、家长和学生的教育关系

2. 学校各组织应保持一致性

要对学生实施养成教育，就要协调好各个处室和教师的工作，形成统一思想。在学校的各个处室和教师中，以政教处、生活处、班主任和生活老师最为重要，这四个节点共同形成一个管理学生的网络体系，涵盖了学生日常生活、学习、思想等各个方面。

在教育关系中，政教处和生活处是教育的决策者和监督者，教师是教育的实施者。在教育的过程中，要做好四个节点的沟通和反馈工作。

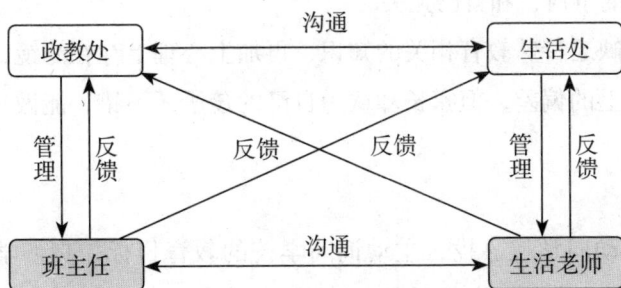

政教处与生活处的教育关系

3. 教师之间的一致性

教师分为任课教师和班主任，但职责都是教书育人。对于行为习惯养成方面的教育，每一位教师都有开展工作的责任。在学校定制共同的教育目标、实行相同的教育理念时，对于一些常规性的教育，要形成具体的操作程序，并要求教师都做到。

如果教师之间不一致，轻则会让听障学生无所适从，严重的还会使班主任的教育工作前功尽弃。比如，在培养学生文明礼仪的时候，有的教师要求上课时学生都要站起来，教师和学生相互鞠躬，然后坐下，而另一位教师上课的时候却没有任何要求，直接翻开书，就开始讲课，学生就不知道该怎么办了。

再比如，有学生在走廊里相互追打，有的教师不管是不是自己班上的学生，都会去劝说让他们停下来，而有的教师则想，这又不是我们班的学生，我何必管这个闲事呢？如果教师因为这样的想法而不去制止，在学生看来，教师不制止就说明是对的，反而会助长学生的不良行为。

（二）学校与家长的一致性

学生进入学校并不意味着家长就不用再承担教育的责任和义务。家庭对于学生行为的影响永远是最重要的。只有教师和家长保持一致，劲往一处使，才能使学生得到更好的发展。

绝大多数家长缺乏行为习惯养成的相关知识，不知道行为习惯养成对听障学生的重要性，在其成长过程中没有进行正面的引导。有的家长意识到了这个问题，却不知道相应的实施方法；部分家长存在逃避心理，将学校当作托管所，平时不和教师、学校沟通；还有极少数的家长认为对于听障学生的行为习惯养成是学校的事情，和自己无关。

很多家长缺乏特殊教育相关的知识，再加上心理上存在滤镜，即使孩子已经出现了行为上的偏差，但家长却认为自己的孩子还不错，能做到这个程度已经很不错了。

1. 家长

家长应主动向学校靠拢，主动询问学校的教育目标，贯彻学校的教育理念，配合学校和班主任，完成对学生的教育工作。

2. 学校

在行为习惯养成教育的实施过程中，学校始终保持和家长的高度合作，建立良好的合作关系。

（1）家长会。学校可以在召开家长会的时候向家长灌输学生行为习惯养成的优势和必要性，培训家长对学生进行养成教育的方法。同时，各班主任也要不定期的和家长进行整体或者单独的联系，使家长能够了解班主任的教育目的和方法，从而理解、支持班主任的教育。

（2）成立家委会。学校可以挑选不同地区、不同层次的学生家长，成立家委会，委托家委会的家长对学校进行监督，了解行为习惯养成教育的进展和困难，帮助学校管理学生。

（3）让家长参与到学校的日常教育中。学校举行重大活动时，如文艺展演、运动会、社会团体来校参观，学校可以邀请学生家长共同参与，在参与过程中，鼓励家长利用活动对学生进行礼仪和感恩等养成教育。

除此之外，学校还可以要求家长参与到学校的日常管理中，包括升国旗、第二课堂等，让家长参与进来，既可以缓解学生的情绪，又能让家长体会学校教育的方法和艰辛，达到相互理解，相互促进的作用，并能逐渐和学生进行交流，相互沟通，建立信任，共同成长。

（三）学校和学生的一致

长久以来有一个误区，就是学校在制定教育计划的时候，只是把学生当作受教育的对象而不是教育的参与者。事实上，学生如果对教育目的不理解，只会对学校和教师的行为产生误解，有的时候还认为是一种束缚，从而产生抵抗的情绪。学生是受教育的对象，也是教育的参与者。实验证明，让学生参与教育本身的运作，会达到更好的效果。

想要让学生积极地参与到自身的教育，首先应当将教育目的告知学生。在学校自编的关于行为习惯养成教育的系列教材上，也应当清楚地列出课程要达到的知识、能力和情感目标。这样做是让学生清楚地了解教师的教育意图，随着重复的次数增多和效果的显现，学生会逐渐认同，并转而主动维护、要求进行养成教育。

（四）学校和社会的一致性

实践证明，养成教育必须依靠学校各科教育、班级教育、少先队共青团组织教育、劳动实践活动、课外活动、家庭教育、校外教育和社区教育等各种途径的密切配合，只有统一部署、整体规划，才能实现预定的教育目标。

案例：

某所特教学校的听障学生，因为经常接受社会人士的捐助，久而久之，反而将其视为理所应当而不懂感恩。比如，学生的校服，因为是捐赠而不是买的，学生都不爱惜，经常在操场上活动的时候脱下，活动完忘了拿走，造成校服的丢失。鉴于这种情况，学校和社会的一些团体合作，将捐赠活动改为学生给予他人帮助的活动，比如，帮助清洁工擦洗栏杆，帮助孤寡老人，帮助志愿者学习手语等，学生逐渐体会到了给予的快乐，也对他人的帮助产生了感恩之心。

二、日常行为养成

良好习惯不是一天就能养成，养成教育不是一朝一夕就能做到的。无论是听障学生还是健全学生，日常行为养成都是最重要的养成教育的渠道和手段。

（一）日常生活

既然是日常的行为规范，养成教育就要在日常的生活中去实施。在实施过程中，教师和家长要将养成教育的目标打散，放到学生的一个个日常行为中去。从早上一开始，对学生的行为就要进行训练，如起床后要独立穿衣服，穿好衣服后要叠被子、整理床铺，然后刷牙洗脸等，一系列行为做下来，行为规范贯穿始终，每天都要要求，每天都要去做，才能让良好的行为习惯内化于心，外化于行。

（二）形成规范

日常行为养成首先要有一套完成的行为规范，如国家制定的《小学生守则》《中小学日常行为规范》等，也可以是根据学生的具体情况，在现有的行为规范上进行细化制作个人行为方案，做到有据可依。对于听障学生，一定要将规范制度解释清楚，常说常练，鉴于听障学生记忆力较短，还要将规范贴在墙上，常常组织学生看和记，这样才能真正被学生理解，从而记在心里。

对于听障学生，一味要求死记硬背也是不行的，可以在主题班会的时候，设计一些游戏、小品，帮助学生理解。

像《中小学日常行为规范》这样的行为规范罗列的是关于学生行为一些大的方面，听障学生很可能无法将其和实际生活联系，所以还需要家长和教师将规范尽可能细化，涉及学生的方方面面，这样才能被学生理解。

比如，关于诚实守信的教育，就要把"诚实守信"分解成以下几点：说了就能努力去做，信守自己的诺言；答应的事没法完成时，能向对方说明原委，并用诚挚的态度向对方表示歉意；借了别人的东西能如期归还；不要向教师、家长、同学或他人说谎；做错了事情就诚恳地向对方道歉，并努力弥补过错。这样，听障学生才能够理解，遇到问题也能作出及时的反应。

（三）热炉法则

管理学的"热炉法则"，对于听障学生的日常行为养成一样适用。其原则是这样的：

1. 当触摸热炉时，会得到即时的反应，形成因果联系。

2. 得到了充分的警告，知道一旦接触热炉会发生什么问题。

3. 其结果具有一致性。每一次接触热炉，都会得到同样的结果——被烫伤。

4. 其结果不针对某个具体人。无论是谁，只要接触热炉，都会被烫伤。

对于学生，也是一样，在实施养成教育的时候，也要注意热炉法则：

1. 事先一定要反复给学生讲解清楚行为规范，要让学生知道如果做得不好有什么后果。

2. 学生如果违反了行为规范，处罚即刻生效，不能让学生有侥幸心理。对于听障学生而言，一旦不予处罚，他们即默认这种做法是对的，再次犯错被处罚后，学生就会产生疑惑，进而对教师或家长产生不信任。

3. 对学生一视同仁，无论谁犯错都要处罚。

4. 处罚不是体罚，不要施加肉体或精神的惩处，批评也是可以的，但注意力度要因人而异，不要被学生的行为挑起怒火，事后要进行安抚。

（四）个性化教育

即使听障学生具有一些共同的特征，但不同的学生还是有很大的差别，在养成教育中应注意到这些区别。早在春秋时期，孔子就提出"因材施教"，对于不同的学生，在教育的时候也要个性化教育。

如何做到个性化教育？

1. 一定要做到彻底了解所教育的听障学生。家长和教师不妨建立一个学生的小档案，其中包括学生的学习能力、认知水平、不良行为、兴趣爱好等，只有彻底了解了教育对象，才能针对其薄弱环节制定改进方案，根据学生的情绪对症下药。

2. 要及时发现学生的情绪或问题。只要觉察到不对劲就要及时处理，不要把小问题积累成大问题，平时可以多和学生聊聊天，问问最近的心情等，听障学生藏不住事，只要多问问就会吐露心声。

3. 在实施过程中要有反馈，而且反馈要及时。如果得到了正反馈，说明实施手段是正确的，可以继续强化矫正；如果得到负反馈，一定要认真分析原因，及时改正。

4. 要多听取学生的意见。如果学生对于养成的方法有抵触心理，教师和家长一定不要独断专行，强迫学生按照自己的想法行事，要尊重学生，相信学生，只有不断改进方法，才能真正做到因材施教。

（五）树立榜样

榜样是最好的老师。在实施养成教育的时候，教师或家长首先要有正确的言行举止，给学生树立一个正确的榜样。

树立的榜样也可以是一些优秀的残疾人，如海伦·凯勒、邰丽华、齐奥尔科夫斯基等，但是其影响力没有教师或家长大，这就要求教师或家长做任何事的时候都要严格要求自己，并鼓励学生和自己一起进步。

在树立榜样的时候，有一点要注意的是，教师或家长不要将同龄、同班的人树立为榜样，并要求其他学生向他学习。无论是听障学生还是健全学生，都不喜欢和他人进行比较，这样做很容易形成抵触情绪，反而起到反作用，还会使优秀的学生受到孤立。最好的做法是将行为有偏差的学生和优秀的学生分为一个小组，让优秀的学生"潜移默化"地改变其他学生。

三、正面教育

正面教育以阿尔弗雷德·阿德勒和鲁道夫·德雷克斯的个体心理学为理论基础，由心理学家尼尔森和琳洛特发展、完善教育观念。正面教育的英文写作Positive Discipline，简称PD，又叫作正面管教，也可翻译为积极引导、正向教养力、正面强化等。

正面教育就是用积极、正面的态度教育学生，不惩罚也不娇纵，使学生既受到教育又不感到有压力，从而达到教育的目的。正面教育最重要的著作就是美国著名的心理学家、教育家简·尼尔森所著的《正面管教》。她认为，学生只有在一种和善而坚定的气氛中，才能培养出自律、责任感、合作以及自己解决问题的能力，才能学会使其受益终身的社会技能和生活技能，才能取得良好的学业成绩。出版30多年来，《正面管教》一书已经成了教育的"黄金准则"，被翻译成16种语言，得到了全世界教育界的认可。

那么，如何对学生实施正面教育呢？

在《正面管教》一书中，作者简·尼尔森对"以教育为目的的有效管教"提出了五个要素：帮助学生感觉到连接（归属感和意义）；相互尊重和鼓励（和善与坚定并行）；长期有效（考虑学生对于自己和周围的世界是如何思考、感受、学习和决定的，以及未来将如何才能生存或者茁壮成长）；培养学生重要的社会和生活技能（尊重、共情、解决问题、合作，以及为家庭、学校甚至更大范围做贡献的技能）；邀请学生发现他们的能力（鼓励个人权力和自主权的建设性使用）。

经过实践，可以肯定的是，对于听障学生，实施正面教育能够更加有效地达到教学的目的。由于听障学生的认知特点，他们在接受信息上较为片面。因此，在实施正面教育时，要注意以下几点：

（一）使学生对学校产生认可

中国家庭的家长往往不会主动让孩子参与家庭事务的讨论，而是自己作出选择，要求孩子无条件地按照决定去执行。特别是听障学生的家长，由于语言方面沟通不畅，加上心理往往觉得听障人什么都不懂，从而会忽略孩子，甚至有时候会问正常孩子的意见却不问听障学生的意见。久而久之，听障学生就会对家庭的联系产生割裂，认为这是爸爸妈妈的家，不是我的，或者认为爸爸妈妈只喜欢健康的弟弟妹妹，不喜欢我，甚至会对原生家庭产生敌意。

产生这种观念的听障学生，今后会出现很多的问题。

（1）对家庭比较淡漠，拒绝和家长、兄弟姐妹交流，长大后也不愿为现在的家庭负责任。

（2）急于独立，还未完成学业就想找工作，想尽早离开原生家庭，容易被他人利用。

（3）较为相信其他听障人的话，对健全人比较警惕，听不进去教师或家长的劝说。

（4）遇到不愿意做的事情采取消极抵抗，做事磨蹭。

（5）不愿承担责任，做事不会统筹安排，对自己的未来缺乏方向感。

（6）遇事不懂得沟通，倾向于使用暴力。

当我们遇到这样的学生时，除了和家长沟通，让他们改变自己的做法以外，我们还可以让他和学校建立"联系"。特殊教育学校是听障学生除自己家庭之外长期生活的地方，而且有相当一部分学生是住在学校里的，可以说是第二个"家庭"，可以在一些程度上代替原生家庭对学生影响。学生认可学校、产生归属感，教师的话才会有权威性，学生也会愿意与教师和其他学生交流，教育才能真正实施下去。

使学生认可学校的方法很多：带领学生多参与班级的活动，多和学生聊聊天，交流彼此的感情，创建班级静态环境都是很好的方法。

（二）多使用正面语言

在平时的教育中，常常会发现有这样的一个问题，当我们对学生说："不要如何做"，但结果往往事与愿违，学生还是会去做。比如，"不要在走廊里追逐打闹"，学生往往还是会在走廊里追逐打闹，或者看到教师时会停下，但只要教师不在，就会继续追逐打闹。遇到这样的事情，教师常常会认为学生是故意不听话，其实有时候是冤枉了学生，也许在当时，学生的大脑里存在着一头"粉红色大象"。

"粉红色大象"是一个著名的心理学现象，当人们被告知不要去想粉红色大象，往往反而会在脑海中浮现出粉红色大象。其原因是人们的潜意识无法分辨"不""不要"等否定词汇。当听到否定词汇时，人的潜意识就会自动过滤掉。而听障学生由于信息接收片面，过滤掉的否定词汇会更多，而且手语会将不想让学生做到动作做出来，在学生心中放大，从而下意识地作出相应的举动。也就是人们常说的："越不让学生做什么，学生越做什么。"

面对这种问题，教师可以在平时对学生讲话时，多使用正面的语言，将学生的潜意识引导到正面的方向，如"你要这么做""你这么做会更好"，尽量避免否定词汇。

正面语言与否定语言举例表

正面语言	否定语言
在走廊要正常走路，注意他人	不要在走廊里追逐打闹
过马路要走人行横道或者走天桥	不要横穿马路
上课要看着教师	上课不要东张西望
写作业要字迹工整	写作业不要乱涂乱画
考试时看自己的卷子	考试时不要看别人的卷子
吃完了再要求添饭，吃多少添多少	吃饭不要浪费

（三）分层评价

当教师使用鼓励性的语言对待学生的时候，往往会发现一个问题：一开始表扬学生，这名学生干劲很足，进步也快，但表扬的次数多了，学生的进步越来越慢，甚至行为出现反复。其实这种现象也很好理解，听障学生一开始很少能得到表扬，当得到鼓励后就会有推动作用，但表扬得到的多了，也就"腻"了，不但不会产生推进的作用，还会出现自满情绪，觉得自己已经够好了，不愿意再努力。

对于给予学生的评价，教师不能全部批评，也不能全部肯定，就算是鼓励，也不能全面开花，不能学生做什么都表扬他"做的真棒"等。作为评价，要做到能对学生形成一个"刺激"，达到较长时间产生作用的目的。教师可以采用"分层评价"的方式，针对学生的不同情况，同一学生不同的状态、所做事情的不同，给予不同的评价。

四、情景教学法

情境教学法是指在教育过程中，教师有目的地引入或创设具有一定情绪色彩的、以形象为主体的、生动具体的场景，以引起学生一定的态度体验，从而帮助学生理解教育内容，并使学生的心理机能能得到发展的教学方法。简单来说，就是以生动形象的情境激起学生学习情绪为手段的一种教学方法。

在听障学生的养成教育中，情景教学法是非常好用的一种方法，但是由于听障学生认知能力的不足，不是每一种方法情景教学法都适合实施。听障学生对于视觉方面的记忆力和理解力较强，经过长期实践，画图法、沙盘、角色扮演是较为适合的方法。

（一）画图法

图画是展示形象的主要手段，鲜艳的色彩、生动的画面最能引起听障学生的注意力，特别是低年龄段的听障学生，正处于不太会手语，也不太会使用文字的阶段，使用画图法能增加他们的理解力。

画图法分为两种：一种是对学生展示完整的画面，激发学生的想象力，将他们代入到情景中，一种是由教师或者学生边画边感受，增加对事物的理解。

案例：

刚刚进入学校的听障学生因为对学校不熟悉，常常找不到教室、餐厅里自己所在的座位，教师或家长可以画出教室、餐厅的座位图，让学生寻找并标记，通过几次练习，学生就能记住了。

（二）沙盘

沙盘的原理和画图一样，都是利用生动的画面引起学生的注意，帮助学生进入情景，但沙盘的形象更加具体，内容更加丰富，而且可以随时变换场景。

（三）角色扮演

又叫表演法，设定一个场景，由学生（教师或家长可以从旁协助）扮演场景中的角色，感受角色带来的体验，达到反馈、体会、理解、矫正的作用。角色扮演是孩子们经常进行的游戏，小时候的"过家家"其实就是角色扮演。

案例：

听障学生小宇，比较受家里宠爱，但脾气非常暴躁，因为与其他学生不和、破坏公物等问题辗转过两个特殊教育学校。来到新学校后，也是我行我素，令班主任和班干部都很头疼，久而久之，学生都不愿意和他来往。面对同学们的冷淡，小宇也很不理解。班主任以此作为突破口，和小宇进行了几次"角色扮演"，利用小宇之前发生的几次事，由小宇扮演"家长""班干部""同学们"，班主任扮演"小宇"，让小宇通过表演看到自己在他人眼中的形象，这几次扮演让小宇深受震动，也让他看清楚了自己身上的不足。

慢慢地，小宇注意起了自己的言行，开始学会帮助他人、关心家长，有了很大的进步。

五、以情感人

听障学生大多感情充沛，容易感动。教师可以利用听障学生这一心理特点，用自己的真情去关爱学生、感化学生，对其不良行为的转变有很重要的作用。

教师用情感感化学生的时候要注意以下问题：

（一）深层次地挖掘学生的潜意识

听障学生心无城府，心中想什么脸上便会露出什么，因此，他们的情绪非常好猜，但有时候，听障学生的一些行为连他（她）自己都不明白，这就需要教师对其行为进行分析，深层次地挖掘出学生的潜意识。

1. 访谈法

与学生对话，通过对话了解学生的内心想法是最常用的一种方法，家长或教师可以有意识地通过谈话，让学生说出内心的想法，也可以通过学生的言语分析学生的潜在台词。

在进行访谈的时候，要注意和学生的谈话技巧：

（1）不要在一开始的谈话中夹杂批评等负面要素，让学生产生防备心理，可以先和学生聊聊天，平复学生的情绪，在清早适合谈话的气氛中，拉近与学生的距离。

（2）尽量让学生多说、多倾诉，不要将谈话变成自己的课堂，滔滔不绝，也不要打断对方的话，但可以适当地回应学生，使其更有兴趣地说下去。

（3）不要偏离谈话的目的，如果学生说话跑题了，可以通过语言的艺术将话题慢慢拉回来，不要让学生产生防备感。

（4）不要让学生像上课回答问题一样说话，可以慢慢引导，像讲故事一样把事情经过讲出来，让学生慢慢倾诉，不要急于得到答案。

2. 从行为分析内心

当学生不愿进行交流或者交流不畅时，通过学生的行为分析他（她）的心理也是一种常用的手段。

听障学生表面行为与内心分析表

行为	目的	解决方案
故意捣乱，骚扰他人，故意哭闹	寻求过度关注	花时间陪伴学生，或者告诉学生稍后会专门陪伴他一段时间 给学生一个有用的任务，转移学生的注意 在家庭会议或班会上体现学生的存在感
与家长对着干，说了不改，或者表面答应应付，消极对抗	挑战权力	做事时给予选择的权力，或者给出选项 不要和学生针锋相对，让学生保持冷静
对反击，伤害他人，毁坏物件，以牙还牙，行为升级	报复	不要反击或者攻击 主动与学生和解，如果是家长或教师存在问题，要主动道歉 增加学生的认同感
退缩，拒绝他人帮助，固执，逃避	自暴自弃	停止批评 积极鼓励 给予简单的任务，将任务分成简单易做的步骤 激发兴趣

3. 量表法

量表是标准化的测量工具，编制比较严格。相比较问卷，量表更易于统计和分析。

直至目前，量表法也是针对听障学生最常用、也是最准确的心理、行为分析的方法。量表可以通过网络、书籍等来源进行寻找，也可以使用专业的软件，问卷则更加灵活，可以通过实际情况自行编制。

适合特殊学生使用的量表有：韦氏儿童智力量表（儿童）、希内学习能力测评量表（听障）、Achenbach儿童行为量表、儿童社交焦虑量表（SASC）、儿童社会适应性为能力量表（培智）等。

4. "房树人"测验

"房树人"测验（HTP），由美国心理学家J. N. Buck于1948年提出，测试者被要求在一张纸上画出房子、树和人，通过绘画时的状态、绘画元素的位置以及画后的交谈，投射出个人的心理状态，有系统地把测试者的潜意识释放出来。

由于听障学生的视觉思维，用"房树人"测验分析他们的心理十分适合，"房树人"测验所画元素少，门槛低，即使只有六、七岁的听障学生也能完成绘画。

5. 沙盘游戏

沙盘游戏又叫箱庭疗法，是在心理师（治疗师）的陪伴下，测试者从摆放各种微缩模具（玩具）的架子上，自由挑选小模具，摆放在盛有细沙的特制的容器（沙盘）里，创造出一些场景，然后由心理师（治疗师）分析对方的心理的测试方法。

沙盘游戏利用人的潜意识，反映了被测试者的心理投射。听障学生无法准确描述自己的心理，但沙盘可以减少语言的交流，而且利用沙盘游戏可以减轻学生的心理对抗，是非常适合的心理测试方法。

需要注意的是，目前最有效的分析方法仍然是量表法，其次是访谈法，"房树人"测试和沙盘游戏都是这些方法的辅助手段。

（二）用真实的情感去打动对方

听障学生是非常敏感的，他们能够非常敏锐地察觉到教师的情绪，他们对于教师是用了真实的情感，还是带着假面具是非常清楚的。如果教师在内心并不认同，还要和学生演戏，可能结果适得其反。

如何才能有真实的情感？最好的办法就是站在学生的角度去思考，产生"共情"，从而更准确地把握学生的心理，这样才能设身处地为学生考虑，平复学生的心态，理解学生的更深层次的想法，提出更加合理的建议。

（三）与学生平等交流

对待特殊学生，由于需要对其指导、帮助，久而久之，家长和教师容易将自己放在一个绝对正确、较高的位置，而将这些特殊学生放在一个要求听从、顺从，较低的位置。这种心理地位的不平等很容易从家长和教师的言谈、行为中表现出来，引起学生心理上的抗拒。学生的抗拒心理会让他们产生逆反、消极应对、反抗、怀疑等行为，从而导致双方交流不畅，学生的行为反复，甚至更加不良的情况。

面对这种情况，就需要家长和教师摆正自己的心态，作出平等交流的姿态，要站在学生的角度去理解他们的行为，让学生感到家长和教师是真心为他们着想的，从而更好地接受家长和教师的建议。

六、精细化管理

1. 精细化管理

精细化管理是一种管理理念和管理文化，最初是源于发达国家，后来因其卓越的理念和巨大的优势而被使用在社会的方方面面，其中就包括班级的精细化管理。

精细化管理就是管理责任的具体化、明确化，它要求每一个步骤都要精心，每一个环节都要精细，每一项工作都是精品。其重要性就是把大家平时看似简单、很容易的事情用心、精心地做好。

听障学生的行为特点决定了家长和教师在管理时要比健全学生更加精细，能够系统地进行精细化的管理，对于听障学生的行为习惯养成方面有促进的作用。

实行精细化管理，参照的原则是：将复杂的事情简单化，将简单的事情流程化，将流程化事情定量化，将定量的事情信息化。

（1）家长和教师一定要充分熟悉自己的家庭具体事务或本班级的班务工作和学生的情况，做到准备充分，这是班级精细化管理的前提条件，也是最关键的一部分。比如，家里的物品都有哪些？卫生间应该怎么打扫？本班每天要上什么课？学生有哪些特异体质，等等。只有全面掌握情况，才能对学生作出明确的要求。

（2）要将所做的事务简单化、流程化、规则化。比如，早上要求学生早起，简单地作出"明天你早点起来"这一模糊的要求，学生当然弄不清楚，早期的效果就很差，如果教师换成"明天早上6点50醒来，7点穿好衣服下床"这一具体的要求，学生就会明白了。

（3）听障学生的记忆时间较短，行为多有反复。因此，有一些量化的内容必须要形成文字，让学生常常看到，才能形成意识。这就和草坪上树立"请勿践踏"和超市电梯上悬挂"请勿伸头"的标牌一样。

（4）精细化管理还要表现出一个"准"字，对于规则的制定一定要准确，对于问题的处理一定要准时。每一名学生都有自己的人格与个性，不能简单地将精细化管理认为是单纯的一刀切，应当从学生的自身出发，设身处地为学生制定属于他（她）自己的做事规则，才能调动学生的积极性。

2. 清单

如何才能更好地将教育工作精细化呢？这其中的尺度如何把握呢？对于精细化管理，有一个很好用的工具，就是使用清单。

简单来说，清单就是详细登记有关项目的明细，我们在平时的工作和生活中所使用的购物单、食谱、工作手册等，其实就是清单。为什么要使用清单？在《清单革命》一书中，作者阿图·葛文德认为，世界是纷繁复杂的，有时候人们犯错，并不是无知，而是有很多事情没能顾及，也就是所谓的"无能之错"。人类记忆力不够、行为容易受情绪干扰，经验容易受人麻痹大意，都属于无能之错，而清单是针对纷繁复杂的工作进行的提取和细化，可以保证相对的客观，预防出现个人没有想到的问题。比如，平时我们出去旅行，一会儿要收拾衣物，一会儿又想拿常备药物，经常会丢三落四，但如果提前准备一个清单，将需要的东西都列上，按照清单准备，就不会落下东西了。

对学生的管理也是一样，将做事的流程和规则制作成清单，按照清单所列的事项去做，不但教师不会有遗漏，学生也容易理解。这也是精细化管理中信息化的一种。

那么，如何列清单呢？根据《清单革命》中的建议，并结合听障学生的特点，在列清单时应当注意以下几点：

（1）做事情不要由教师或家长一个人说了算，要通过集体讨论，让每一位学生了解自己在班级或家庭中所需要担负的责任。

（2）列清单时尽量做到简单化，不要一味追求大而全，清单不要太长。

（3）发挥团队力量，班上每一位学生都要清楚流程，做到有效监督。

（4）语言要清晰，但不能说太多，让学生无法理解，可以加上图解，学生更容易理解。

（5）较为复杂的清单要设置一个检查点，以便在完成途中或结束后检查事情完成的情况。

（6）根据实际操作，随时对清单进行修改。

（7）将列清单成为一种习惯，不要觉得很麻烦，其实习惯了也会觉得很简单。

3. 拥有良好的心态

班级建设的精细化管理不仅仅是一种理念，更是一种心态，要有不厌其烦的耐心，更要有持之以恒的恒心。有很多家长认为把事情做得过细没有必要，这样不仅太累，也会让学生厌烦，有的教师因为有着丰富的经验，认为自己不用这么麻烦，从而忽略了对班级的精细化管理。然而，细节决定成败，很多事情往往都是不经意间发生的，而家长和教师也是人，有时候也会麻痹大意，有很多意想不到的地方，一点点的疏漏，有时候就会导致严重的问题。因此，教育者首先要在心理上端正自己的态度，真正认同精细化的管理，时刻用精细化要求自己，解决问题，才能将养成教育做好。

4. 重复性训练

一个习惯的养成需要时间进行不断地重复。行为心理学研究表明：21天以上的重复会初步形成习惯，90天的重复才会形成稳定的习惯，而要让一个集体养成稳定的习惯则需要更长的时间。因此，养成教育更多应该是针对某一行为进行反复性训练。

在教育过程中，家长和教师常常发现，针对学生的一个不良行为，明明已经讲了很多遍，学生的行为也渐渐变好了，但过了几天又变回去了，这就是学生行为的反复性。其实这是一种非常常见的现象，健全学生甚至成年人都会出现这种情况。而相对于健全学生，听障学生的行为出现反复性的情况要更多些，一方面，行为出现反复性是人类本身固有的行为特征，另一方面，听障学生健忘、粗心、容易被他人影响，情绪波动大也是主要的原因。家长和教师要有一颗宽容的心，要允许学生犯错。

七、感统训练

近些年，感统训练被越来越多的教育领域和家庭接受，对改善特殊学生的智能迟缓、多动症、脑瘫、自闭症等有非常明显的效果。当然，感统训练对于听障学生的行为养成也是具有很好的辅助作用。

听障学生感统失调产生的问题及感统训练对其的作用表

问题	作用
1. 多动不安	1. 有利于增强听障学生的体质
2. 注意力不集中	2. 可以发展听障学生的智力
3. 上课爱做小动作	3. 可使感觉统合失调学生和特殊学生融入正常的教育之中
4. 丢三落四	4. 有助于培养听障学生愉悦的心情，使其获得良好的情绪体验
5. 做事拖拉	
6. 胆小	5. 促使听障学生注意力集中，有助于他们建立自信
7. 依赖性强	6. 提高听障学生的语言能力
8. 爱哭	7. 培养听障学生勇敢顽强、克服困难、超越自我的意志品质
9. 语言发展迟缓	
10. 固执	8. 培养听障学生竞争、团结、协作的社会意识，培养良好的社会适应能力
11. 情绪难以控制	
12. 身体协调不良	9. 增强肺活量及呼吸肌收缩力量，使听障学生更好地调控言语呼吸
13. 精细动作不良	

第五节　智障学生养成教育实施策略

习惯对于学生的健康成长至关重要，直接影响着他们今后的学习和生活。智障学生因其身心缺陷，表现出的行为问题相对较多，如辨别是非能力和行为自控能力较弱、缺乏纪律和秩序意识等。对于他们而言，只有养成良好的习惯，进入社会后才能生活得更有尊严，从而享有获得感和幸福感。

一、智障学生养成教育方法

（一）反复督行法

著名儿童心理学家林崇德认为："习惯是在生活过程和教育过程中形成与培养起来的，习惯的形成方式主要是靠简单重复和有意识的练习。"雷伯在其所著的《心理学词典》中，从心理学角度对习惯的含义表述为：通过重复而自动化了的、固定下来的且不需要努力就轻而易举地实现的活动模式。这就是说，形成习惯的要点是重复——行为的反复出现和使用。

让学生的一些好的行为重复出现，是良好的行为习惯养成的基础。而如何才能让他们好的行为一次又一次的出现，教师的提醒就是一个对好的行为的唤起。现代教育不提倡教师反复地讲，认为一件事反反复复地讲会引起学生的反感，适得其反。这句话本身很对。但教师面对的不是健全学生，智障学生的记忆特点就是容易遗忘，教师说过的话一会儿就忘记了。所以，智障学生不会由厌烦而产生负面影响，主要的是教师自己要不厌其烦。但反复地提醒也不是单纯的唠叨，一遍又一遍的教育常常会换来一次又一次地遗忘，因此，提醒也要抓住契机，最好的时间点即教师在希望他们对某一事物有一个期待性反应时，并能及时体现出这一期待性行为时作出提醒。这时，学生就会在教师的提醒下马上作出一些你希望的行为，多次反复，即成固定。

比如，在培养学生便后要洗手的习惯时，在开学初始，教师一下课就提醒学生去上厕所，同时提醒他们要洗手，并且站在教室门口，一个一个的检查，没有洗的马上让他（她）回去洗。两周以后，学生每次上完厕所都会走到教师面前，举着湿漉漉的手说："老师，我洗过了。"上完厕所洗手已成为全班的一个习惯，偶尔有学生没有洗，其他人也会及时提醒。

（二）身教导行法

对于学生而言，教师是具体行为的形象体现，教师的一言一行，不管有无进行教育的自觉性，都会成为学生仿效的标准。特别是对于智障学生而言，他们对于具体的事件几乎没有判断和思考的能力，他们的行为多来自生理的反应和对他人的模仿，而教师是和智障学生相处时间最长的。智障学生易受暗示，他们在观察教师时会产生一种"放大效应"和"模仿效应"。因此，教师的一言一行，对于引导学生形成良好的行为习惯至关重要。

作为智障学生行为的"榜样"，智障学校的教师不仅需要像普通小学的教师一样，充分注意这种"放大"和"模仿"效应，注重对行为的自我监督，而且要特别注意行为的一致性、长期性。这符合智障学生的特点。他们辨别能力很差，如果不同的教师之间的行为出现不一致，他们就会无所适从，这对形成习惯是十分不利的。长期性是要求教师的行为一定要坚持一定的时间，智障学生的模仿和观察能力都比健全学生差很多，行为长期、反复出现能加深学生的记忆，同时对行为的再现和模仿也会容易很多。比如，为了让学生养成每天打扫卫生的习惯，开学初在学生还不会打扫时，教师每天在固定的时间打扫卫生，先扫地、再拖地、然后排桌椅，同时也慢慢地教会学生，半个学期后，学生就会养成每天在固定的时间进行值日的好习惯。再比如，教师从开学初就注意玩具的收纳规整示范，到学期中，学生就能按照教师的做法收拾好玩具。

（三）细节促行法

教育学生要晓之以理，要使他们从心里接受领会，才会自觉遵守。但对于智障学生来说，良好行为习惯的养成方法有其独特性。由于智力障碍，智障学生认知发展缓慢、语言能力较差、注意力不集中、学习迁移困难等缺陷，导致他们对语言的理解只停留在简单的单句上，如"谁""什么地方""做什么"等。如果对他们讲大道理，让他们理解复杂的语言逻辑是十分困难的事。因此，可以用简单明了的语言进行要求，最重要的是告诉学生应该如何做，指导学生实施习惯行为的过程。由于智障学生模仿能力差，这个环节要注重细节的传授，要手把手地教，要指导先做什么、再做什么、然后做什么，让学生掌握行为的过程。

二、智障学生养成教育策略

智障学生在入学前很少接触社会，对他们进行养成教育就像在一片等待开垦的土地上面盖房子，一定要打下坚实的地基，只有在坚实的基地上才能盖出结实而漂亮的房子。教师要根据智障学生的实际情况，从生活卫生习惯、举止文明习惯、社会交往习惯、学习习惯等四个方面的教育入手，结合智障学生的心理特点，重点做好改善情绪、行为问题的教育与训练，注重环境引导，多方配合，积极开展养成教育。

（一）以情感培育为切入点，开展适应教育

针对刚入校时智障学生哭闹不止、情绪无常等不良适应行为，要从心理教育的角度积极开展入学适应教育。帮助他们树立"我是一名小学生"的心理意识，并以此为基础，引导他们认识学校的校园环境，熟悉校园里的教师和学生，在熟悉的基础上逐步适应校园生活环境，学会与人沟通交往、相处，对校园集体生活产生积极愉悦的情感，学会基本的自我管理，掌握基本的知识与技能。

智障学生理解辨别能力和自制能力较差，教师要密切关注学生的行为倾

向，当他们出现错误行为时，要及时加以劝阻，在教育方法的运用上要坚持原则，任何学生犯了错误都要一视同仁。教师的提示和指导语一定要简单明确，可根据具体情况辅之以相应的手势和表情，让学生直观理解"好"与"不好"和"对"与"不对"这些基本的是非概念，从而对自己的行为作出正确的辨识与评判。

面对有行为问题的智障学生，教师要倾注充满尊重和人文关怀的情感补偿教育，打开学生心灵，给智障学生无形的激励与动力，帮助他们建立成就感、树立自信心，培养自尊、自强的自我意识，萌发健康、向上的情感体验，更好地强化和巩固自己积极的、良好的行为习惯。教师要创造并寻找与学生相处的机会，随时留心观察，从其一言一行中发现问题，既要注意他们共同的身心缺陷和障碍，更要善于发现学生的个体差异性，"对症下药"、因材施教，采取灵活多样的教育和训练方法及时予以疏导，从不同的方面和角度来纠正其不良行为，并做好相关记录和分析。

（二）以班级管理为主阵地，培养学生良好行为习惯

良好的班级文化环境具有无形的教育力量，能够陶冶情操、砥砺德行。特殊教育学校教室环境的布置尽可能温馨、整洁、安全、舒适，区域划分、墙报布置等都要彰显实用性与人文关怀，注重美德渗透，充分考虑教学的需求和残疾学生的个别需要；根据学习活动合理调整课桌椅摆放阵型与方位，课间和举行活动时要挪出空地，方便学生自由活动，课堂上须确保所有学生身体面向教师，清晰看到板书、听到语音，也要便于教师面向全体、分层教学、个别指导；让能力强的学生在学习、生活上帮助程度差的学生，坐在一起，共同进步；对于易躁动的自闭症学生，要确保教室窗帘颜色柔和、光线亮度适合、室内温度适宜，给学生足够的心理安全感。

智障学生逻辑思维能力差，对外界刺激反应迟缓，难以理解较为复杂的行为流程与规范，教师可以建立合理的班级规则，加强规则意识的培养，运用视觉提示系统和积极行为支持策略，将日常行为规范以图文并茂的方式贴在教室醒目地方，随时随地对学生进行行为习惯熏陶与养成教育的辅助提示，让学生互相监督，明白哪些行为不该做，提高班级教育管理实效性。

1. 以班级公约为引领，建设学生行为习惯评估内容，为养成教育奠定基础

智障学生良好行为习惯的养成，必须依赖于班级管理。因此，在日常教育教学中，班主任要根据智障学生的行为特点和班级的实际情况制定班级公约，对学生的行为习惯提出具体的要求，形成行为习惯评估内容（见下表），让学生有"法"可依、照章执行。班主任积极在知与行的统一上下功夫，常抓不懈、循序渐进、逐步提高，使这些常规成为学生的习惯并坚持下来。行为习惯评估内容如下：

智障学生行为习惯评估表

主要领域	具体考评内容
生活卫生方面	1. 自己穿脱衣服、鞋、袜、系鞋带 2. 讲卫生、爱清洁，做到每天洗脸、洗脚，早晚漱口、刷牙 3. 在成人的帮助下做一些力所能及的自我服务性劳动，如洗袜子、手帕等 4. 能安静进餐，在规定的时间内吃完餐后有条理地收拾餐具，整理桌椅 5. 会整理桌椅，做好班级值日生
文明行为方面	1. 对人热情有礼貌，主动使用礼貌用语，见到教师要主动问好，离开学校时要向教师说再见 2. 上课时不在教室里随意走动，能安静地坐在座位上 3. 文明用餐，做到不挑食，不把自己不喜欢吃的饭菜夹给同学 4. 别人讲话时，认真倾听，不说脏话、不说谎话 5. 遵守学校秩序和班级规则，不打架、不骂人、不争抢玩具和图书，学会谦让 6. 文明行走，做到上下楼梯靠右行 7. 文明如厕，大小便入池，保持厕所卫生 8. 文明乘车，不在公共汽车等交通工具上大声喧哗、吵闹 9. 爱护公物，不损坏公物
社会交往方面	1. 愿意和同学分享玩具、图书、食品等 2. 乐意与人交往，礼貌、大方、对人友好 3. 能主动地参与各项有益活动，有自信心 4. 能主动与别人交流 5. 乐于关心帮助有困难的人
学习习惯方面	1. 学会整理自己的学习用具，做好课前准备 2. 坐姿、握笔姿势基本正确，能认真书写作业 3. 上课认真思考、积极发言，发言时要举手 4. 读课文时能做到用手指读 5. 学会保护书籍、爱护图书

2. 以班级日常管理为抓手，开展行为习惯养成教育

良好的习惯是学习和生活的基础。然而，智障学校面对的是一群智力存在缺陷的学生，他们自我约束力和自觉性较差，培养他们形成良好的习惯不是短时期能完成的，甚至有些已经形成的良好习惯可能在一段时间内会倒退或反复。在日常的班级管理中，教师要耐心地教育他们，真诚地引导他们，期待他们的每一点进步。因而，要从班级日常管理入手，注重培养刚入校智障学生良好的学习、生活习惯，为他们更好地适应学校生活奠定基础。

（1）做好开学初的教育工作，打响开学第一炮。为了把握刚入校智障学生的思想动向，教师要通过图文结合的方式组织学生学习《智障儿童日常行为规范》，为他们一学期的学习、生活做好准备。

（2）在行动中形成习惯，注重将学生的文明礼仪教育落实到一日的常规行动中，对学生进校、离校向教师问好、说再见的文明礼仪习惯以及值日、整理学习用品和班级物品、捡拾地面垃圾等一些日常生活习惯进行分步、强化训练。根据学生能力分配不同的任务，争取让人人都参与，完成就给予奖励。这些习惯的养成都是由"扶"到"放"，循序渐进完成的。刚开始，可由班主任带领学生完成，到后来根据学生能力选出小组长，由小组长带领本组组员完成，班主任只是监督或个别指导，最后完全放手，只是在学生做好后去检查，并给予奖励。这样，通过行动来潜移默化地引导学生，使学生日常行为规范的养成在各种实践活动中得到贯彻落实，做到学生规范养成"全员参与，全程落实"。

（3）榜样引领，同伴互助。在培养智障学生行为习惯方面，树立榜样尤其重要。教师作为学生身边的榜样，容易成为其效仿学习的对象。因此，教师要时时处处注意自己的言行，为人师表，做一个"仪态儒雅，着装整洁，做事认真，爱岗乐业，关爱弱小，热心助人"的表率。这会对学生的品德素养、行为习惯、个性养成等方面带来潜移默化的影响和导向作用。其次，要在同伴中树立好的榜样，在学生表现出爱劳动、乐学习、懂礼貌、有爱心等积极行为习惯时予以大力表扬、即时奖励等正向强化。这样，学生的身边就有了可学习模仿的对象，他们会为争相得到教师的表扬和奖励而努力向榜样看齐。每个人身上都有可夸可赞的闪光点。教师可教育引导学生多学习同学在各个领域的长处，从而受到启迪，更好地矫正自己的不良行为；也可通过观看书籍、海报、影像资料了解社会模范人物的先进事迹，让学生感受到美德的熏陶和感召，进而将好的习惯作为自己日常行为的参照。

良好的同伴关系在智障学生个体发展中具有重要价值，对其社会化以及认知发展、良好品德的形成以及社会交往能力的获得，都会有积极影响。行为养成教育过程中，可坚持推行伙伴关系指导法，倡导同伴互助，充分发挥同伴关系在生活自理、沟通协作、文明礼仪、规则意识、情绪管理等方面的积极作用，引导学生按自愿原则结成"一帮一"友好对子，即指定其中一位能力水平、行为习惯较好的学生作为组长，充当指导者角色，在日常活动中主动关心和帮助同学。小组长这个身份，能发挥学生的优势和潜能，他会感受到教师对自己的高期待以及同伴对自己的依赖，因而为自己承担的领袖角色倍感自豪，产生"力争上游""要比其他同学做得更好"的心理，全心全力做最好的自己。同伴互助还能激发小组长寻求更好办法解决问题的能力，提升学生的创新能力和创新意识。在同伴互助过程中，很多时候需要双方相互配合、共同努力才能取得更佳效果，无形之中调动了双方的主动性和积极性，促使学生多想别人，多关心别人。

3. 以班级制度建设为着力点，培养学生良好的行为习惯

在班级管理中培养智障学生良好的行为习惯，就必须针对他们的实际情况，制定相应的班级管理制度。

（1）建立班级督查考评制度。智障学生良好生活行为习惯的养成不是凭简单的说教就能达到目的，也不是一天、两天就能完成，任何行为习惯的养成总要在实践中得以训练和巩固。因此，为了强化智障学生行为习惯的养成，可以结合智障学生的实际情况，结合养成教育的训练点开展"日查、周结、月评"的常规教育评比活动，建立班级督查考评制度。由班主任与科任教师每天对学生的行为习惯进行逐一评价，做到的打"★"，没有做到的打"○"，然后每月由班主任进行汇总，计算好达成率，填写在班级汇总表中，并评选出一位达成率最高的"文明标兵"和一位进步最大的"进步之星"进行表扬奖励。通过考核评比形成相互影响、相互监督、共同进步的局面，促进学生良好习惯的养成。

日查：每天由教师按照"进校""卫生""课间""两操""午餐午休"五项，进行全天"五项全优"，并对课桌椅、学习文具、书包拉链、随身衣物穿戴等进行细致检查，随时随地纠正学生的不良行为。同时，班主任对学生的违规行为逐人记录评分（采用加分制），每日下午放学前公布，强化良好行为习惯的养成。

周结：总结一周工作，表扬进步大的学生。通过公布每周量化评比加分情况，能够使学生逐步认识到自身的不良习惯，强化班级日常管理，提升智障学生良好行为习惯的养成。

月评：进行每月的量化评比，以评价促养成，循序渐进鼓励评价提高，使学生外化行为转变为内驱力，产生正效应。

（2）建立班级奖励制度。为了更好地强化智障学生的行为习惯，可以通过代币制奖励制度积极开展行为习惯养成教育。根据学生在文明礼貌、纪律、卫生、学习、生活等方面的具体表现及时发放代币，每月进行代币兑换一次，学生可以用代币兑换一些文具或小食品，以此激发学生不断地上进，养成良好的行为习惯。

在各种评优评先活动中，教育学生明白全班同学团结一致、共同努力、互相帮助才能取得胜利，任何人表现不好都会影响班级荣誉的道理，进而树立"班荣我荣"的意识，不断规范自己的言行，养成良好的行为习惯。在班级学习园地设置"星光大道""作品长廊""进步之星""成长足迹"等栏目，把学生认真完成的写字、美工作品和美言美行的照片贴上专栏，在公开场合多次向来访客人、家长和教师进行展示、肯定、表扬。平时，每当学生有积极行为出现时，奖励星星贴纸一枚贴在"红花榜"上，十枚五角星可以兑换一个小太阳，三个小太阳可以实现一个心愿。教师根据学生的个人爱好提前准备惊喜礼物，比如，结合学生的兴趣爱好，给爱画画的学生奖励彩笔，爱写字的学生奖励字帖，爱学习的学生奖励笔袋、文具套装，还可以奖励卡通的水杯、手表等生活用品，让学生一拿出某物件，立即想起"这是老师奖励我的，只有表现好的学生才有"，不断提醒并强化内心的自豪感，进而尽力保持与维护自己的"美好"形象和在教师和学生心目中的"崇高"地位。经过一系列卓有成效的举措，激发学生的正能量，使其在以后的学习、活动中更加积极努力，争取做得更好。

（3）建立班级成员轮值制度。为了培养智障学生良好的劳动习惯，可以以班级值日工作为载体，班级成员轮值制度。班主任每天安排多名学生合作完成值日工作，同时将值日工作根据学生的具体能力进行细化安排，比如，每天都指定一名值日生完成擦黑板、擦桌子、擦窗台和浇花的值日工作，一名值日生完成扫地、倒垃圾的值日工作，一名值日生完成摆桌椅、拖地的值日工作，并且每天进行轮换，让全体学生都意识到自己是这个班级的一员，对那些能力相对较弱的学生，在能力强的学生辅导下完成。

（三）以主题教育活动为载体，开展形式多样的行为习惯养成教育

由于智障学生的认知与感知能力较低、情感迁移能力较弱。因此，对他们进行养成教育要针对存在的不良习惯开展体验教育，设计主题活动，培养良好的行为习惯。例如，可以开展"好习惯伴我成长"系列活动，以各种重大节庆日为载体，开展"我是劳动小能手""我是小小交通员""我是文明小标兵""我是自理小能手""我会排队""我会文明用餐""我会文明如厕"等主题活动，及时纠正学生的不规范言行。

对于智障学生来说，对其严厉说教效果甚微，可变"堵"为"疏"，有意识地指导他们参加一些需耗费体力和精力的劳动，如擦黑板、大扫除、拖地、搬运重物等。通过劳动，学生释放了过剩的精力和多余的体力，发泄了负面情绪，人就会变得安静守秩序。

智障学生在自身感兴趣的工作、学习活动中，总是表现出很投入、很专心，可让其专注于有益的活动，逐步稳定注意力。比如，利用午休和课余时间，辅导学生写生字、玩拼图、贴钻石画、捏泥塑等，培养学生对静态工作的兴趣，提高其专注力与耐力；带领他们阅读、欣赏图书和弘扬真善美的动画片，加强其有意注意。

根据智障学生的能力水平、兴趣爱好和个性特长，分配给每位学生不同的劳动任务，引导他们承担各种工作任务，养成良好劳动习惯，获得多种技能本领。比如，做教师的小助手、学生的贴心人、学校的文明监督员、家庭的家务小能手，等等。教师要以身作则，劳动过程中和学生一起俯下身、沉下心，耐心示范劳动要领、传授相关技能，带动学生从简单、基础的工作做起，循序渐进，一步步提高难度，在学生达成阶段目标时立即给予精神上的表扬和物质上的奖励，使其体验到独立完成一件事的快乐和成功感，这样既可以矫正学生的多动行为，转移他们的注意力，也让学生对劳动产生兴趣和热爱。

（四）以日常教育教学渗透为主渠道，促进良好行为习惯教育的延续性和有效性

行为习惯养成教育不是一门课程，应渗透于日常的教育教学中，达到"润物无声"的效果。所谓把养成教育渗透于学科教学中，并不是把行为习惯教育生硬地加入学科教学中，而是结合各学科内容和学科特点，运用一些技巧，有意识地培养智障学生良好的行为习惯。在学科教学中渗透养成教育可以从以下三个方面来进行：

1. 找准学科教学与养成教育的结合点

智障学生没有养成良好的生活、学习习惯，而各学科教学中都蕴含着丰富的行为习惯，教师应树立渗透意识，善于捕捉、挖掘这些习惯，找出最佳结合点，进行有效地渗透。利用语文课、劳动技能课、生活课以及健康教育课对其进行生活习惯的培养与训练，穿插生活技能教育，不断培养学生良好的生活习惯。

2. 捕捉学科渗透养成教育的兴奋点

教师只有精神饱满、耐心细致地讲授，才能激发学生的兴奋状态，形成良好的课堂氛围。智障学生注意力容易分散、有意注意持续时间短，语文教师可采用板书、绘画、视频动画等多种手法创设情境，达到激情引趣目的，并采用激励性评价，让学生体验成功的快乐。教师赞许的目光、诚恳的表扬、会意的微笑，都会使学生获得成功的快乐，从而更加主动积极地投入到学习之中，养成良好的学习习惯。

3. 从知识基础和认知目标出发

在各学科教学中进行养成教育，对不同的教学组织形式、教学环节、教学内容、教学对象，渗透的德育点不同，避免生搬硬套。教师要从智障学生已有的知识基础和认知目标出发，充分利用学科特点，深挖各种德育因素，做到思想性和科学性和谐统一，使知识教学与养成教育有机结合，要提高渗透的自觉性，把握渗透的可行性，注重渗透的反复性，以达到德育、智育的双重教育目的。

（五）以实践活动为平台，让学生在实践中体验，逐步养成良好习惯

智障学生接受新知识的能力较弱，在其良好行为习惯塑造养成过程中，必须通过大量活动进行强化，坚持小步子、多循环、长坚持的原则，抓住一切机会让学生实践，使其在反复的技能、习惯的强化训练下，通过亲身实践增进认知、巩固情感，形成一种自然的习惯，将好习惯变成自觉的常规行为。

1. 开展校内综合实践活动，巩固行为习惯

智障学生的养成教育不是一蹴而就的，根据其认知与思维特点，对他们进行养成教育应注重导行，需要反复训练与巩固。因此，教师可以结合养成教育的内容相机开展综合实践活动，对学生坐立行走、读写姿势、课堂常规、礼貌用语、仪表衣着、日常卫生等习惯按规范性要求进行反复实践训练，使学生始终保持一种兴奋而乐于参与的良好心态，使学生在乐于参与训练的过程中激发好的行为，潜移默化地受到教育，并在不知不觉中纠正自己的不良行为习惯，养成良好的行为习惯。

例如，每天上学、放学时间，教师坚持亲身示范和学生、家长打招呼、问候，促使学生在教师的言传身教中进行模仿学习；通过动画情景再现或角色模拟，在具体的情境中反复引导带动，教会学生使用文明礼貌用语与他人对话；常态化开展"生活技能大比拼"活动，培养学生基本的生活自理能力，使其在活动中得到锻炼、深化体验，养成自我服务的好习惯；通过创编文明习惯儿歌和小游戏，促使学生将外在的规则要求转化为内在的行为自觉。

2. 开展校外社会实践活动，拓展行为习惯的外延

智障学生走出家门和校门的时间相对较少，与健全人的交往更少，不利于他们融入社会。因此，对智障学生养成教育时，可以将文明礼仪教育与社会生活相结合，使智障学生在社区环境中将良好的行为习惯进行延伸。通过形式多样的社会实践，使养成教育的内涵不断丰富、外延不断拓展，引导学生体验感受做文明人的快乐，感受行为习惯的重要。

为使智障学生能顺利地融入社会，学校应充分利用和发挥社区资源的育人作用，组织学生到菜市场、超市、医院等场所开展综合实践活动；通过与普通学校开展联谊游戏、"手拉手"活动，为智障学生创设与他人合作、分享及自我表现的机会，学习从他人角度考虑问题，调节其情绪和行为。智障学生缺乏对人际关系变化的感受，他们常常难以明白自己为什么被排斥。教师可帮助他们制定文明行为计划并监督执行，逐步纠正其不良习惯，增加其受欢迎程度。

教师可以根据刚入校智障学生的实际情况开展认识公交站牌、游园、乘坐公交车、看电影、认识四季等不同内容的社会实践活动，将行为习惯的养成教育渗透到每一次实践活动中。在活动中引导智障学生逐步了解社会规则，遵守社会公德，做到排队不争抢、花草树木不采摘、公共设施不损坏、乘车礼让不拥挤。通过开展真实性、有序性、参与性、有效性的实践活动，加强与社会的交往，使智障学生融入社会，为学生的成长提供丰富的教育资源，完成从认识到实践的适应，促进良好习惯的养成。

（六）以少先队在活动为主阵地，进行行为习惯养成教育

少先队是学生自己的组织，少先队活动最受智障学生欢迎。学校要充分利用少先队的向心力和凝聚力开展丰富多彩且有益智障学生身心健康的教育活动，让学生在活动参与中养成良好习惯。由于智障学生的认识与感知能力较低，情感迁移能力较弱，因此，少先队主要以开展体验教育活动为主，培养学生良好的行为习惯。

1. 设置岗位，引导学生体验

大队部通过设置国旗队、值日生、小播音员，引导学生进行角色体验，获得最真实的感受，从而培养良好的劳动卫生习惯。

2. 拓宽渠道，增加体验机会

为了拓宽学生体验的渠道，培养他们良好的行为习惯，少先队可以为他们营造一个良好的教育环境和氛围，开展主题体验式活动。比如，"我爱我家""我们都是好朋友""今天我当家""我是厨房小能手""我为班级做贡献""校园环境人人爱""认真听讲不吵闹"……通过这些活动，学生可以体验良好习惯对生活和学习的帮助，营造良好的教育氛围，培养了学生良好的行为习惯。

（七）以家校共育为延伸，促进智障学生良好行为习惯的形成

家庭教育是学校教育的延伸。学生良好习惯之养成与否，取决于学校和家庭教育影响的一致性。这就要求家长配合教师做到统一标准、统一要求、家校合一，在培养学生良好习惯过程中同舟共济。如果没有家长的积极参与，智障学生教育工作不可能有良好的效果。

1. 转变家长的教育观念和教养方式

智障学生比健全学生更需要家庭教育，因为他们在生理、心理上或多或少都有一些残疾，这给他们日常生活的各个方面都带来了不利的影响，行为习惯教育尤其重要。良好的家庭环境与积极家庭教养方式对智障学生的良好行为习

惯养成有很大帮助。因此，家长要转变教育观念和教养方式，理性面对智障学生的特殊性，避免出现对其过度溺爱、保护、过分干涉，或不管不问，甚至打骂、呵斥、厌弃等教养方式，认识到行为习惯对智障学生一生成长的重要性，给予合理的期望，在严爱相济中促进其良好习惯的形成。

教师和家长必须保持密切联系，通过电话、微信群、家校联系手册等途径，经常互相交换教育内容、教育效果、学生成长情况和日常表现等信息。无论在学校还是家里，都要时刻对学生的行为习惯进行督导和强化，使好习惯在实际生活环境中得以巩固运用。家长可根据学校活动安排和教师建议，为学生制定日程表，合理安排每日作息时间，按时有序进行吃饭、睡觉、运动、做家务、做作业、休闲娱乐等活动，帮助学生养成健康规律的生活习惯。教师定期将各方面搜集反馈的学生发展信息进行整理汇总、研究分析，不断调整补充教育训练内容，修改完善其个别教育计划，使之更为科学合理、精准适用，帮助学生更好地成长。

2. 发挥家庭教育的力量，形成"学校+家庭"的教育网络

智障学生行为问题比较多，他们往往语言理解能力较差，自我控制力极差，要使他们在学校训练的各种行为习惯得以保持，就必然离不开家庭教育的巩固。教师要及时与家长沟通，让家长关注他们的学习习惯和生活习惯，做好教育指导。同时，教给家长养成教育训练和巩固的方法，使家长明确一旦发现不良行为应及时给予指正，形成家校统一的合力，从而达到巩固良好习惯的目的。此外，家庭教育要从落实家庭教育常规入手，家长自身做到规范自己的言行，注重行为习惯的潜移默化，提高教育实效性。

学校应不定期在年级和全校范围内举行家长心理辅导和教育方法培训，引导家长树立正确的人生观、教育观，帮助其更深入地了解学生、掌握教育技巧，以阳光健康、积极稳定的情感态度面对家庭、面对学生，和学校、教师做好教育衔接和拓展延伸。同时，对个别有教育困扰的家长进行案例教育，结合家教理论向家长提出合理的建议，建议家长给学生一个相对宽松的环境，并对学生进行不良心理的疏导，引导其正确看待自己和他人。通过家校携手努力，使学生的不良行为习惯得到有效转化，帮助他们养成良好的行为习惯，促进家庭情感基调和生活质量的显著改观。

（八）以心理健康教育为突破口，对智障学生的行为问题疏导及矫治

以心理健康教育为突破口，对智障学生的行为问题进行有效的疏导及矫治，转变不良行为。

智障学生行为习惯养成教育的侧重点不仅仅是通过行为规范引导、潜移默化的影响，与健全学生不同的是，由于智障学生先天的缺陷导致其或多或少都会存在一定的不良行为，这才是智障学生行为习惯养成教育的重点。这些不良行为都影射着学生的心理问题。因此，智障学校应结合心理健康教育，对智障学生的行为问题进行干预，从而促进他们良好行为习惯的形成。

1. 以心理健康活动课为平台，渗透行为习惯养成教育

心理健康活动课是智障学校开展德育的主要途径，它主要是根据有关心理学原理，通过设计一系列活动提高学生对自我的认识，了解自我心理发展状况，以形成可持续发展的心理调节能力和良好的心理健康水平。也就是指把心理训练的内容放在活动中，让学生在活动中感悟、体验，接受行为训练。

教师可根据本班学生的实际情况，选取生活或者学习场景，通过创设情境、游戏互动、团结合作、交流感受、实际操作等方式围绕行为习惯养成教育的主题开展心理健康活动课。如针对低年级学生卫生习惯不好而且动手能力差的现象，可以开展"我有一双小小手""校园是我家"等活动，教师可采用"做一做、看一看、玩一玩"等非常活泼的形式寓教于乐，让八、九岁的智障学生逐渐提高自理能力，养成爱劳动、讲卫生的良好习惯。针对中年级学生良好学习习惯的培养，可以开展"学习的乐趣""我学习、我快乐""认真思考、积极发言"等活动课，教师通过采用图片展览、视频表演的形式，引导学生感受学习的乐趣，知道应该怎样学习，激发学生的学习兴趣。针对高年级学生的青春期行为问题，可以有针对性地开展"我长大了""青春期的我""做个举止文明的好少年"等活动课，引导学生了解青春期的生理、心理变化，认识到自身的一些不良行为，并引导学生学会控制自己的情绪和行为，顺利度过青春期。

2. 针对学生的行为问题，积极开展心理咨询，转变不良行为

学校心理咨询室应积极发挥心理咨询的功能，对学生开展个体心理辅导，对学生在成长、学习和生活中出现的行为问题，特别是青春期行为问题进行矫正，帮助他们转变不良行为。列举辅导案例如下：

案例 ①

中度智力障碍学生青春期不良行为辅导案例

玲玲，女，16岁，智商38，中度智力残疾。因发现其看男生上厕所，班主任对她进行心理辅导。

一、问题行为表现

班主任发现玲玲近一周来喜欢看男生上厕所，被男生发现后也不回避，有时在教室里喜欢搂抱男生，在学生中造成很不好的影响。

二、原因分析

个案处于青年期，对异性表现出好奇，愿意与之交往。

由于个案的智力水平较低、自控能力差，在出现这种情况时无法自控，也不懂得遵守道德行为规范。

三、心理辅导目标

玲玲为中度智力残疾，有一定的语言表达与理解能力，但平时不爱说话，合作性差，因此，主要采用会谈与奖励相结合的方法，尽快消除她的不良行为。计划每周约谈3次，每次60分钟。

四、心理辅导的实施过程

心理辅导教师对玲玲的行为进行评判和分析，明确告诉她这种行为是错误的、不允许的，是违反社会道德规范的，然后进一步解释为什么不允许这种行为的发生，告知玲玲两性的区别，对她进行性健康教育。

同时建议班主任平时看见玲玲此行为应立即干预，终止其不良行为；当她没有发生此类行为则给予表扬或奖励。在辅导过程中，玲玲合作性较差，很少说话，也认识不到自己行为的错误。

五、心理辅导效果

经过一周的面谈后，玲玲的异常行为得到控制，但出现了明显的情绪问题，发脾气、无端哭闹、不愿上课，趴在地上不肯起来，教师越劝越严重，大声哭闹，晚上睡眠差，半夜起来活动，影响到其他学生的休息。

玲玲在心理辅导室也无法安静下来，处于兴奋状态，或哭或笑。学校与家长取得联系，向家长说明玲玲的情况，建议去医院就诊，配合药物控制情绪。

通过治疗，玲玲服药半月后情绪逐渐稳定，异常行为也未再出现。

六、建议与反思

面对智力障碍学生的心理问题时，要先分析问题产生的原因是什么，然后再制定心理辅导或咨询的方案，论证该方案的可行性如何。

本案例中的学生认知水平较低，不能理解或遵守行为规范，难以控制自我的不良行为。单靠面谈讲道理和教师及时制止不良行为，难以解决其心理问题。究其原因，在于其心理问题的产生是有一定的生理基础的。

个体进入青春期后，性激素分泌较旺盛，有较强的性冲动。普通人在处理此类问题时常常通过参加文体活动、结交异性朋友、恋爱等方式调整和解决。对于智障学生来说，解决性冲动带来的不良行为，靠讲道理和制止，确实难以奏效，正如大禹治水成功的经验不在堵，而在于疏导。

这类问题的咨询或辅导应着重考虑如何用可替代的活动来转移学生的注意力，将积蓄的生理能量宣泄出来，必要时应用药物配合治疗会取得良好的效果。

案例②

重度智障学生青春期不良行为辅导案例

一、学生的基本情况

1.学生家庭背景

居住于兰州。家长都是农民，弟弟12岁，情况正常。

2.学生本人情况

博（化名），男，1995年生。三岁前，生理发育状况和一般孩子相差无几，心理年龄还处于低幼状态，特殊表现为言语不多。三岁时，他进入普通幼儿园学习，有异常表现：多动、语言减少，最后发展到无口语表达；通常独自游戏，且所做游戏不具有任何意义，不能参与合作性游戏；注意力分散，学习能力缺乏；避免目光对视，手指持续做着奇怪的动作。博随后在兰州市一家医院被诊断为自闭症，有严重智力障碍，退学回家。九岁时，博进入我校就读，由于自闭障碍严重，所以被分入重度班，至今已经八年，现在毕业班。在校八年，博各方面变化巨大，能够在教师的监督下按要求完成最简单的指令。然而，在进入青春期后，博开始用不同方式吸引外界的注意，有意摆脱、反抗外界的教育，自控能力减弱，情绪易变，注意异性，愿意与异性接触，对异性有拥抱、抚摸的表现。

3. 观察日记

片段（一）：语文课后的课间休息，博从班上女同学的后面抱住她的脖子，很开心。

片段（二）：看到可爱的芳芳同学，博拉住她的手，然后紧紧抱住了她，很兴奋。

4. 家校访谈

在平时的观察中，我感到作为博的老师，必须想办法来帮助他，矫正他的不良行为。为此，我和博的妈妈做了访谈，详细了解了他最近在家中的行为表现。通过访谈得知，博在家中和学校中的行为表现基本一致，他的妈妈提到他喜欢安静，喜欢听音乐，如果太吵的环境里，情绪波动就较大。家长太忙，在家很少有时间与他沟通交流，大部分时间是邻居的大妈来看护他。进入青春期后，博有一定的反抗心理，自控能力减弱，情绪易变，注意异性。我决定采取措施，为他制定有效的个别教育训练计划帮助他，解决这迫在眉睫的行为问题。

二、矫正方案的设计

1. 目标的确立

针对博的客观情况，我希望能够达到以下的两个目标：

（1）每天能够减少对生殖器刺激的时间和次数。

（2）能够让他学会一种简单的粘接玩具的玩法。

2. 强化物的选择

消费性强化物。

3. 训练阶段划分

（1）交往诱导阶段（与训练者巩固良好的关系）。

（2）学习期，减少不良行为产生的次数。

（3）初步巩固期，控制不良行为发生的次数。

（4）强化巩固期，让不良行为的发生几乎没有。

4.训练方法的选择

（1）变换情景法。脱离刺激情景或在原情景中加入他喜欢的因素。

（2）外力辅助调控法。用柔和的语言安慰、轻微晃动其身体以分散注意力。

（3）及时肯定，捕捉时机。在学生宣泄过程中出现正当的情绪状态时，马上提供奖励物或满足他一项要求，反之则不予理会。

5.训练原则的执行

（1）严格执行"动态原则"，关注个体的特点，采取区别对待的方法，在教育教学中应该有适当的调整和伸缩，以适应不同的情况。

（2）真情运用"情感交融原则"，用自己的热情去爱护、尊重和教育学生，用真诚赢得学生的信任和依赖，形成亲子般的感情联系，以取得更好的教育教学效果。

三、训练的过程

第一阶段：

训练内容：1.叫被试者的名字训练其反应。

2.利用糖果给予强化刺激。

预期目标：被试者能对训练者的指令反应，能按照指令做许多简单的事情，有正确的行为反应。

具体操作：训练者叫被试者的名字，如能够马上反应就给予一定的奖励，训练者引导被试做一些简单的动作，如拿书、坐下、起立、搬桌椅等。在训练过程中被试者如有不好的现象，训练者给予口头提醒，如能够在提醒下停止就给予一定的奖励（听一段固定的最喜欢音乐）。

训练效果：被试者与训练者进行一定接触，对训练者的指令有很好的反应，但是在训练过程中仍多次不好行为，没有马上停止。

第二阶段：

训练内容：学习一种简单的粘接玩具的玩法——将分开的木块模拟面包、鸡蛋、苹果，粘合成一个整体。

预期目标：通过学习粘贴游戏，逐渐减少被试者的不良行为发生的次数。

具体操作：训练者先引导被试者认识玩具的玩法，同时手把手引导被试者练习玩，找到玩的诀窍，完成一次马上给予最喜欢的糖果奖励，并且听一段音乐，在训练过程中如发现有不良行为的发生，训练者给予口头和表情的制止。

训练效果：被试者对于玩法已经掌握，在训练的过程中不良行为的出现次数逐渐在减少，从开始的每天5次，一周10次以上，逐渐减低到一天2~3次。但有时由于其他因素的缘故，被试者配合不是很好，会暴躁、不开心、哭，或游走在校园，训练被迫停止。

第三阶段：

训练内容：能够按照训练者的指令，自己听音乐、玩玩具，完成粘贴物品。

预期目标：练习自己玩粘贴玩具的游戏，并且巩固接受教师的指令，并把不良行为的次数控制到一周5次。

具体操作：训练者发出指令，由被试者按照指令粘贴玩具，训练者只给予口头命令，完成一次就奖励进行强化，在训练过程中严格控制不良行为，让他知道教师的命令不可违背，必须做好，并且与家长一起配合。在家里也这样进行训练。

训练效果：被试者已经熟练掌握玩法，在训练的过程中，会主动向教师要奖励，还会自己来抢，只要看见训练者的眼神或听到口令，不良行为就会停止，从学校和家里的询问与观察中，不良的行为次数很少了，不良行为的次数控制在一周5次以内。

第四阶段：

训练内容：播放活动时音乐，就主动去把粘贴物品拿好，并且独立完成粘贴物品。

预期目标：在条件反射下，自觉听到音乐就自己玩粘贴物品的玩具，并且巩固接受教师的指令，并把不良的行为的次数控制到一周1~2次。

具体操作：训练者发出指令（播放音乐），由被试者自觉按照指令完成粘贴玩具，训练者不给予口头命令，完成一次就进行奖励强化，在训练过程中严格控制不良行为，让他知道教师的命令不可违背，必须做好，并且与家长一起配合。在家里也这样进行训练，做到家校一致。

训练效果：被试者对于玩法已经熟练掌握，并且播放音乐就会自己主动完成训练内容，主动向教师要奖励，只要看见训练者的眼神，不良行为就会停止。从学校和家里的询问与观察中，不良行为次数很少了，不良行为的次数控制在一周1~2次内。

四、训练的效果与反思

经将近一年的辅导与训练，博的不良行为在逐渐减少，随意抱女同学的行为逐渐消失。但是，在辅导过程中，我看到了很多问题，如，博对特意为其找好的音乐不感兴趣，导致训练效果难以保证顺利进行；对于开始的口令难以听从、实施，刚实现的目标，过一些日子会重现。这些出现的问题是预料之中的，可能在将来还会出现十分棘手的问题。

（九）以行为管理技术为辅助手段，矫正智障学生的不良行为

智障学生由于先天的缺陷导致其或多或少都会存在一定不良行为，而且这些不良行为不容易改变，如果仅仅对他们进行一般的行为习惯养成教育常常很难取得像健全学生那样满意的效果，有时甚至收效甚微，这才是智障学生行为习惯养成教育的重点。因此，教师要借助行为矫正与康复训练等辅助手段对智障学生的行为问题进行干预，促进他们良好行为习惯的形成。

1. 运动行为矫正法矫正智障学生的不良行为

由于刚入校的智障学生的认知理解能力相对较低，所以在对他们进行行为矫正时，主要尝试采用几种简单的行为矫正方法。

（1）正强化法。智障学生比健全学生更容易受外在动机左右，对直接具体的奖励，比单纯从成就所产生的内在满足更感兴趣，其需要层次较低，可以选择行为矫正原理的正强化法强化训练其良性行为。正强化是普遍被心理学家认同，认为在矫正学生尤其是智障学生的不良行为方面是极为有效的一种的方法。运用正强化法矫正智障学生的不良行为就可以选取学生喜好的刺激作为强化物，以增加良好行为的出现率。比如，可以以学生比较感兴趣的食物作为强化物，与其约定，如果一周内没有出现问题行为，就奖励他一种平时很少得到的食物。强化物还可以根据学生近期的需求进行改变。

（2）惩罚法。惩罚法又称厌恶法。运用惩罚法矫正中重度智障学生青春期的不良行为就是通过施加惩罚或取消正强化物，以减少不良行为的发生率。比如，可以以学生比较讨厌的事件作为惩罚方式，当发现问题行为时，立即取消当天的食物奖励。根据一周内问题行为出现的频率，如果超过三次即取消参加集体活动的机会。惩罚法只能部分地减少或抑制不良行为，不能使之完全消除，需要其他行为矫正方法的辅助和教育的配合，才能起到极好的教育作用。

（3）消退法。消退法就是停止强化使不良行为出现率降低，或停止惩罚使原减少的行为又增加。对于中重度智障学生出现玩弄其他学生生殖器的不良行为，对班级其他学生进行批评教育，对他的这种行为采取置之不理，然后用其他的活动吸引他的注意力。

案例：

运用行为矫正递减智障学生"偷拿东西"行为

杨某，男，13岁，重度智力障碍，学习能力弱，但动手及实践能力较强。他曾在普通小学随班就读两年，因学习跟不上又严重影响班级教学秩序，于2009年转入我校。

一、问题行为的描述

据教师和家长的反映，杨某经常乱拿同伴、教师、家人的东西。而这种"偷拿东西"的不良行为次数在逐渐增加，由原来每周2~3次到现在愈演愈烈，发展到只要他在场，就会趁别人不注意"顺手牵羊"把东西拿走。有时候是班级里的铅笔、同伴的卫生纸、削笔刀、教师和学生带来的食物等，他都"偷拿"回家，有时候没有东西可拿，连别人的书皮都要拿回家。基本上每隔两、三天，家长都能发现书包中有不属于他的东西，教师和家长多次教育均无效果，严重影响了杨某本身的健康成长和学校的教学秩序。

杨某有很多优点，活跃、大方，对人有礼貌，喜欢帮助同学；热爱劳动，经常主动打扫教室卫生。但他做事缺乏坚持性和责任心，心急，做事粗心而且做不好。心理异常脆弱，经不起批评，一受到教师和家长的批评或同伴的指责后，就会非常难过，沉默不语。

二、个案背景

（一）学校生活情形

杨某人际交往能力和生活自理能力较好，但在课堂上经常嬉闹玩乐、取笑同伴、乱拿他人的物品，偶尔也会不服教师的管教，影响教学秩序。常常"偷拿"别人的东西后，还说谎，不承认是自己拿去了。

（二）家庭生活情形

杨某与家长居住在一起，是一个典型的核心家庭。爸爸工作很忙，妈妈负主要监护责任。妈妈文化水平不高，对杨某经常"偷拿"别人东西的不良行为也感到十分头疼，但是缺乏教育方法。只要杨某做错了事，妈妈一发现就会骂他。爸爸在外做生意很少在家，平时对杨某要求严格，但是方式简单、粗暴，可对儿子的一些不良行为甚少关心，觉得没什么大碍，杨某也比较听爸爸的话。

三、探讨问题原因

究其杨某"偷拿东西"的成因，经过多方面的沟通、观察和分析，我认为有以下几方面的原因：

一是杨某本身有智力障碍，在认知上有缺陷，不能正确表达自己的需求。

二是家庭缺乏温情关爱，他用这种不正当的行为来换取感情和注意。妈妈缺乏一定的教育方法，对杨某的存在和需求往往忽视。一旦教师"告状"杨某今天又"偷拿东西"了，家长才会把更多的注意力放在他身上。所以，杨某通过这种方式满足被关注的需要。

三是教师教育方法不恰当。在普通小学时，杨某遭遇学生与教师不公正对待后的消极反抗所导致。以后只要受到教师批评，杨某必定会"偷拿"教师、学生或学校的东西。心理学家通过大量的事实认为，挫折往往会引起侵犯性情感，而由于教师评价不公平等原因，很容易使智障学生因遭受挫折而产生报复性行为。

四是不良行为没有及早得到关注和矫正。刚发生时大家都觉得没什么，从轻处理，使杨某认为这一行为不严重，不良行为反而得到强化。随着时间的推移，增加了矫正难度。根据其智力水平和皮亚杰儿童道德认知发展的三阶段理论，杨某刚开始"偷拿东西"时，处于他律道德判断阶段向自律道德判断阶段的发展，但是家长和教师没给予正确的引导，使其产生了偏差的道德认知。

四、矫正措施

（一）矫正目标

我与杨某、其家长协商后，把矫正目标定为：消除其"偷拿东西"的行为，并促使其他不良生活习惯（骂脏话、撒谎等）得到一定程度的改善，使杨某健康、快乐地生活和学习。通过行为矫正等方法多维度、全面立体地改变他这一不良行为。

（二）矫正方法和过程

1. 阳性强化，改变行为

阳性强化法，是指学生出现某一良好行为的时候，即刻给予他喜欢的强化物，以此来提高好行为发生率的一种矫正方法。

本个案中对于强化物的使用主要有——消费性强化物：杨某喜欢吃的糖果；活动性强化物：允许看班级里的书籍、课间到操场上活动、与同学一起游戏；社会性强化物：教师的微笑表扬，家长的表扬鼓励等；类强化物：卡通贴纸。

与杨某协商确定，只要其出现积极的行为（指递减"偷拿东西"的行为），就给予强化。如果杨某一整天没有"偷拿"教师或学生的东西就给他一定程度的强化物。矫正开始阶段采取连续强化，之后的矫正阶段采取间歇强化，到最后强化次数不断减少，强化物也慢慢由消费性强化物、活动性强化物转变为社会性强化物和类强化物为主，以维持积极行为，并达到泛化。在追踪观察阶段撤离强化物，检查矫正的效果。

与家长协商，每日检查杨某的书包，并做记录。如果当天书包和身上都没发现有不属于他的物品，就可以得到家长的奖励，奖品为他喜欢吃的零食。

2. 适当惩罚，负责后果

杨某如果出现"偷拿东西"行为且说谎狡辩不承认的情况，取消他外出课间活动的机会。当他"偷拿东西"的时候，一定让他将"偷拿的东西"当面还给人家，并当面向人家道歉；取消他本周上体育课的机会；而且不能看班级的书籍，当班级同学在看书的时候，他必须坐在椅子上反思自己的"偷拿东西"行为。惩罚的基本出发点和目的就是，让杨某为自己的过错负责。

五、矫正结果

通过一学期对杨某"偷拿东西"的行为进行矫治，获得了较好的效果。

1. 杨某"偷拿东西"行为减弱明显

经过行为矫正后，杨某"偷拿东西"行为明显发生了好转。为了得到强化物，他明显减少了不良行为的发生次数。在跟踪阶段，他刚开始能很好地做到不"偷拿东西"，克制住自己的行为，但在过了几天后感觉"瘾"又上来一样，一周内连犯了4次。接下来两周，又与其家长好好沟通了一番，加强对其关注和理解，多使用社会性强化物，给予感情上的关注，使其"偷拿东西"行为渐渐由每周发生1次减少到0次。到最后的观察阶段，杨某每天都能控制好自己的行为了，基本上没有再出现"偷拿东西"行为。现在，杨某"偷拿东西"行为已经基本没有了。偶尔，他也会看着别人的东西喜欢就拿过来，但是只要有人一阻止，他就会放回原处。

2. 说谎的习惯也有了一定的改善

经过疏导和教育，杨某能做到有错误马上承认，不再用各种谎言来欺瞒教师和家长，能做到实事求是。

3. 与家长关系有了改善

家长现在打骂他的次数少了，而且花了更多的时间与他交流，让他能体验到更多家的温暖。在学校，他也变得开心，教师明显感觉到他每天的情绪很好，与教师的交流变多了。

六、心得与建议

1. 案例中对杨某"偷拿行为"矫正主要使用了心理学家普遍认同的行为疗法——阳性强化法，这个疗法特别适用于对学生偏差行为的矫正。在杨某没有"偷拿东西"行为时，就给予奖励强化，使其认识到"我这样做大家才喜欢我，我才能得到我想要的东西"。

2. 选择强化物要因人而异。本案例中选取了杨某喜欢吃的东西作为消费性强化物，需要的温暖（教师的鼓励、家长的微笑和表扬）作为社会性强化物，把喜欢的体育活动作为活动性强化物以及把贴纸作为类强化物。结果表明，这些强化物的选择是适合杨某的，是有效的。

3. 努力做到家长和教师的共同协作。杨某"偷拿东西"行为的发展与刚开始家长的纵容也有一定的关系，但是后来家长积极配合教师工作，每天与教师联系，在家庭采用一致的方式教育，使杨某取得积极进步。因此，为了巩固矫正效果，应努力取得家长的配合，达到家校共同协作。

4. 行为改变后，在以后的日常生活中还应采取相应措施，巩固取得的效果。由于智障学生的自制力差，所以要加强教师、学生的监督作用，督促家长做好奖惩工作，形成教师、家长、学生的多维改变体系。

5. 注重早期干预和治疗。对于"偷拿东西"行为最有效的矫正方法还是早发现、早治疗，而且尽早找到这一行为产生的原因，尽早给予干预和教育，也可以早点抚平心灵的创伤，要在行为的萌芽期就消除干净，不可姑息纵容。

2. 运用行为管理理论改善智障学生的行为控制能力

智障学生表现出来的行为问题往往混合在一起，而且很多不良的行为习惯无法通过说教和潜移默化转变。因此，教师要分散问题、细化问题，注意个体差异，运用行为管理技术对他们实施行为矫正，为他们融入社会打好基础。

针对刚入校的智障学生产生的不良行为，可以运用行为管理的理论——刺激、行为、结果、强化，以强化预期获得的良好行为。改善智障学生的自控能力，可以采用加强粗大运动能力、精细运动能力和感知觉能力的方法。训练粗大动作能力的方法主要有各种走、跑、跳、接球、仰卧起坐等方式；训练精细动作能力的方法主要有夹珠子、穿珠子、练习写字等。这些运动训练既可以增强注意力和自控能力，又消耗了多余的精力，增强了手指的灵活度和手眼协调能力。

以写字训练为例，训练过程介绍如下：

（1）确定目标：智障学生在写字训练时能够将字写对，保证笔顺正确，每次能静坐写字10分钟。

（2）评估起点：通过观察智障学生对此训练的喜好程度、完成的准确率及注意力时长。

（3）正强化：从易到难选择一些字让其进行训练，教师在旁边监督笔顺是否正确，及时进行纠正。如果能按照要求正确书写，写字时间比前一次增加，就给予物质奖励，并在班集体中进行表扬。

3. 运用游戏法、运动替代法转化不良行为

通过观察，可以发现刚入校的智障学生的问题行为出现的时段主要集中在课堂上、大课间活动和课间十分钟。他感觉没有太多事情可做或者比较空闲时，出现问题的频率比较高。为了让其忙碌起来，教师要保证他们尽量有事可做，可以采用游戏法和运动替代法。

（1）运用游戏法分散不良行为的注意力。利用游戏分散学生进行不良行为的注意力。对于智障学生上课小动作较多的不良行为，仅用说教是不够的。为了杜绝这种不良行为，课间组织他们进行有趣的游戏活动，使其注意力集中到游戏中。时间一长，这些不良行为自然就消失了。

（2）运用运动替代法转化不良行为。大课间活动时间，可以让学生多做运动，根据大课间活动安排，可以选择跳绳、传球、拍球、转呼啦圈、滚呼啦圈等集体运动，在安排学生进行体育活动时，对他们进行个别运动训练，让其做蹲起、仰卧起坐、前滚翻、后滚翻等消耗体力的运动项目，也可以分散注意力，转化不良行为。

案例：

如何培养智障学生良好的个人卫生习惯

良好的卫生习惯，反映出一个人的思想觉悟、道德水平和文化素养的高低，反映出一个人或一个团体的精神风貌。培养学生讲卫生的习惯是培养其他良好习惯的基础。

一提及智障学生，人们不由自主掠过一丝不悦。这些学生由于智力和家庭环境因素，形成了很多不良的卫生习惯。这些行为习惯不仅使教学过程受到限制，而且学生也不喜欢和他们一起玩耍。为了培养智障学生良好的习惯，让其树立自信、学会生活，教师应该采取以下方式对他们进行个人卫生习惯的培养：

1. 找准时机，学会辨别不卫生的行为

低年级学生学会如何辨别不卫生的行为是一个难点，他们很难懂得这一行为的危害。比如，当学生的手很脏又准备拿东西吃时，教师引导他们观察自己手上的污垢，向他们讲解脏手上有很多污垢，还可以让学生通过放大镜观察手上的污垢有很多细菌，告诉他们这些污垢、细菌吃进肚子里就会痛。让学生辨别不卫生行为，教师就要多留意学生的生活，找准机会向学生解释，让学生学会辨别哪些是不卫生的行为。

2. 随时提醒，习惯使用卫生用品

对于智障学生来说，习惯使用卫生用品是做好个人卫生的前提。教师可以把日常用的卫生洁具放在教室里让他们认识，教室里的卫生角摆放好卫生纸、香皂、肥皂，小毛巾（一人一条）、小盆子（一人一个）。学生鼻子上有鼻涕了，提醒他（她）用卫生纸擦掉；学生手脏了，提醒他（她）用肥皂去洗干净；学生的脸脏了，提醒他（她）带着脸盆、毛巾、香皂去洗脸。经过日积月累地反复提醒，学生会渐渐习惯使用卫生用品。

3. 反复指导操作，掌握卫生用品的使用方法

智障学生由于动手能力较差，让他们掌握一些卫生用品的使用方法，确实很难。他们擦鼻涕时，总是把纸往两边拖，弄得脸上全是鼻涕，越擦越脏。教

师充分利用学习生活的时间，教会他们一些简单卫生用品的使用方法；合理利用每周的生活课，讲解怎样洗脸、洗头、洗澡、系鞋带等；根据季节和学生的实际情况，随时更换养成良好个人卫生习惯的教学内容。教师要鼓励智障学生勇于操作，带着细心、耐心和信心手把手地教，一次次地练，帮助学生养成正确使用卫生用品的好习惯。

总之，智障学生的行为养成教育，是一个反复而漫长的过程，需要教师做教育的有心人，善于发现和抓住培养良好习惯的教育契机，锲而不舍、持之以恒地进行有计划、有目的地教育训练；需要教师不断总结分析、研究探索，多措并举，广聚合力，寻求适合智障学生养成教育的更有效的方法；在实际操作中根据智障学生行为问题的具体情况选择不同的方法或几种方法联合运用，更好地帮助学生融入社会，成为适应社会发展的合格公民。

第六章

特教学校养成教育实施案例
——小学新生入学为例

第一节 视障新生入学课程

◆◆ 入学前准备 ◆◆

教师布置迎新教室，欢迎新同学的到来，了解学生情况，问清注意事项（有无特异体质，有无药物禁忌等），给家长联系方式和注意要求，住校生要准备好洗漱用品、床上用品和餐具，留下联系方式。

上学前，要准备，爱上学，爱学习，

写字板，要备齐，高高兴兴来上学。

杨阳是一名低视力男孩，8岁的时候来到学校报名。报名的时候，他看到学校感觉很高兴，看到了同龄小朋友后，给妈妈说，我就要上学。

学校报名的时候，学校教师对其进行了一些简单的考试，考试内容涉及表达能力、记忆力、节奏、算数能力（数数）、音乐节奏、日常行为、动作协调性和盲点的简单测试，杨阳基本能够达到及格线。

8月底，学校正式开学。杨阳高兴地来到学校上学，班里有一名学生和他一样是低视力，其余几位都是全盲。开学初，班主任王老师把教室认真地打扫了一遍。在整洁的教室里，杨阳感觉很新奇，桌子和幼儿园的不一样，不仅那么大，而且边上还有一些凸起的部分，听老师说是为了保护字板和盲笔不掉下去，真有意思!

家长们把杨阳和其他学生放在座位上，便拿了小凳子坐在了后面。教师让学生自我介绍，这对上过幼儿园的杨阳来说没有一点问题，高高兴兴地说了自己的名字和年龄。上课时，同班的一名学生不说话，开始哭了起来，喊着要回家，教师的安慰不起作用，最后在妈妈的拥抱下，这位学生才平静下来。

视障学生由于视觉缺陷，先天具有不安全感，对周边环境不熟悉，环境的改变均会产生恐慌。入学教育适应过程中，有家长的陪同效果会更好。

对视障学生而言，小学一年级是陌生的。小学生应该怎样做，他们心里没有概念。教师首先要带他们熟悉学校的环境，了解学校的学习活动，了解一年级课堂作业及考试等情况，从而有足够的心理准备适应小学的学习和生活，接着教师要培养视障学生的自信心和任务，让他们为自己是小学生感到自豪，让他们认识到自己有能力学习和做事，这是完成学习任务的心理基础，同时要培养学生承担任务的意识，形成接受和完成任务的习惯。

一、生活指导

（一）饮水篇

喝水是生活中重要的环节，我们要多喝水、喝热水，学校提供了热水，方便学生使用，而喝热水、接热水需要对视障学生特别强化训练。

教师教给视障学生分辨哪个是热水，哪个是温水，并且手把手地教怎么拧，如何辨听水满了，通过锻炼让学生掌握好接水能力。在接完水回教室的路上，要锻炼学生防止自己和别人烫伤，尤其是全盲的学生要反复锻炼，才能自如地接好热水。

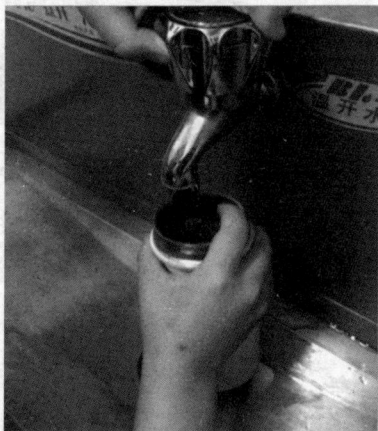

注意，一般要求视障学生的一个指头伸入到杯子中，可以帮助判断。

接热水，要注意，听声音，辨满否；

盖上盖，走路慢，嘴上说，要小心；

遇上人，停下来，防碰撞，烫伤人。

课堂练习：在教师的监督下，视障学生练习接热水，反复训练掌握要领。

课后作业：下节课前，每位学生准备好自己喝的水。

（二）吃饭篇

吃饭问题是新生教育的重要事项，养成学生集体活动意识，不浪费粮食的品质，也是德育教育的渗透内容。

视障学生吃饭的时候，按照事先安排好的座位做好，等待分饭，等餐厅阿姨过来，自己根据情况讲清吃多少，有什么忌口等。吃饭的时候，教师要看会不会吃，根据情况个别教授，吃完饭要求学生自己洗碗，不仅要洗干净，而且放到事先定好的地方。

一天三顿饭，顿顿在餐厅，按座位坐好；

不能乱浪费，提前要说好，能吃多少饭；

吃饭不喧哗，吃完去洗碗，一定洗干净；

碗勺放柜中，健康又卫生，营养促成长。

温馨提示

学校餐厅很卫生，校外环境不确定，为了身体健康好，少去外边吃饭。

课堂练习：在餐厅协助学生吃饭。

课后作业：观察学生吃饭情况。

吃完饭，班主任王老师让学生在操场上活动，并且叮嘱杨阳和同学们不能跑，听障学生从后面看不见，会撞在一起的，活动一会后要去休息。

（三）睡觉篇

睡觉问题是视障学生成长的重要问题。由于视力问题，他们的生物钟有些乱，配合生活老师工作，对刚进校学生养成良好习惯，有助于视障学生的身体发育，帮助他们更好地成长。

睡觉主要是培养习惯，也是和学生在宿舍相处的一个过程。这里主要是提醒学生作息时间教育，帮助学生养成良好的习惯。

按时睡觉身体好，午休晚觉不能少；

生活老师来叫醒，整理床铺和内务；

东西摆好有位置，下次好找不会丢；

早晚洗脸和刷牙，晚上洗脚不能忘；

养成良好的习惯，融洽和谐人人赞。

作业布置：配合生活处查看学生午休情况。

（四）如厕篇

每天上厕所是学生生活中重要事项，也是视障学生比较困难的事情，培养良好习惯和教会视障学生如何在学校、公共场所上厕所，是入学教育重要一环。

首先带领视障学生找到厕所，分清男女，然后教给学生推门，进去找位置，推门的时候要轻，防止碰到门后的人，进去厕所间，分清大小便池。另外，还要知道学生是否会脱裤子、提裤子、擦屁股等行为；上完厕所后，教学生如何压（踩）冲水器，冲干净后带领到水池旁，打洗手液，洗手，根据学生是否会洗手教给学生洗手事宜（具体操作行为可以参考《生活指导》）。

> 上厕所，要注意，进厕所，手先伸；
>
> 防突撞，进关门，先问人，再拉门；
>
> 大小便，均入池，冲厕所，不能忘；
>
> 出门后，要洗手，养习惯，自受益。

课堂练习：对视障学生进入厕所、关门、冲水等进行单独训练。

让他们自行操作，教师查看效果。

（五）卫生篇

良好的卫生习惯不仅个人受益，并且也是在公共场合中和人相处的基础。视障学生因为卫生不太方便，通过训练养成良好的习惯和能力，为其正常生活奠定基础。

1. 个人卫生

个人卫生对视障学生是重难点的生活技能。由于不方便，视障学生的个人卫生方面起初是比较差的，养成健康卫生的生活习惯，对于他们非常重要。

（1）教视障学生洗手。教学生使用洗手液或香皂，反复搓手心、手背、指缝和手腕，洗干净后用净水冲干净。

（2）洗衣服。学校提供洗衣机，让学生将衣服分类，学会操作洗衣机，使用时注意用电安全，确保人身安全。有时候需要手洗，让学生会搓，注意洗衣领和袖口以及胸前部位。

（3）洗脸、刷牙。练习洗脸刷牙，根据学生掌握情况进行一对一教学。脸要洗洗干净，牙要仔细刷。

（4）洗脚。接好温水（热水和凉水混合），然后洗脚，洗完擦干，厕所倒水。注意倒水时不要太多，会溅到自己或别人。

（5）洗澡。学校每周天提供热水洗澡，洗澡一般都由大带小，低视力带全盲，要求学生注意公共场合秩序，有序进行。把自己的东西放在顺手的地方，以便使用。

> 讲究卫生很重要，练好习惯人人夸；
>
> 个人卫生如不好，人见人说遭人嫌；
>
> 早晚洗脸又刷牙，睡前洗脚不能忘；
>
> 衣服常洗勤换换，周末洗澡香又香。

作业检查： 定期不定期配合生活老师，检查学习效果，确保所教内容应用到生活当中。

2. 宿舍卫生

宿舍是视障学生生活的重要场所。视障学生多数都住宿舍，宿舍能力培养也是重要的一个环节。

（1）整理内务。包括叠好被子和衣服，然后放在合适的位置。

（2）打扫好宿舍卫生。视障学生刚入学时会受到照顾，但是怎么打扫卫生还是要学习的。

（3）不要乱摆乱扔。视障学生本身视力限制，所以东西要放在方便拿取的地方，但又不能乱放，比如，喝水杯等放在桌子固定地方，衣服放柜子。不仅自己的东西不乱扔，垃圾也要随手扔垃圾筐。

> 整理内务很重要，不能乱扔乱摆放；
>
> 叠好被子和衣服，放到位置易拿用；
>
> 床头不要乱摆放，整洁内务很舒服；
>
> 按照值日扫宿舍，不能不管靠别人；
>
> 良好环境靠大家，大家动手宿舍美。

3. 教室卫生

（1）扫地。视障学生打扫教室卫生需要教师手把手地教，从拿扫把、拖把，到如何退着扫地、拖地，退一步、扫一下，碰到墙后再转身，逐渐从里到外，扫拖干净。

（此项工作需要一个一个教，并且多练习）

（2）扔垃圾。走到垃圾桶练习册弯腰、松手动作，辨认垃圾桶的位置和练习扔的动作。另外，带学生去学校的垃圾台，倒垃圾桶的垃圾。

（3）擦窗台、桌子，擦讲桌、书柜，都要一步步进行练习。

（4）书桌整理。书桌整理工作要教给学生如何放置好自己的东西，方便拿取，并且不容易掉到地上。

> 一天三次常打扫，爱护环境爱家园；
>
> 不要乱扔不要丢，垃圾入筐有规律；
>
> 扫地从里向外走，一步一下慢慢来；
>
> 拖地也要一下下，退着拖扫到门口；
>
> 桌上摆放要整齐，书本字板归类放；
>
> 天天擦桌和黑板，讲台干净人精神。

二、安全指导

熟悉学校环境，开学初始要一段时间适应，但是危险地带一定提前说明，并在适应环境时特别强调。

1. 学校篇

学校里有些地方是比较危险的，强调警告危险地带，让学生平安地在学校生活学习。

学校的危险地带主要是电梯、楼梯台等。学校增加防护栏保护学生安全，但是还是要警告学生不能翻越。另外，打热水、使用插线板、课间打闹也是非常危险的事情，杜绝此类事故发生。

> 电梯间和楼梯台，危险地带要注意；
>
> 不能翻越防护栏，造成伤害挽不回；
>
> 上下学和课间操，上下楼梯不乱跑；
>
> 课间不能打着玩，伤人伤己伤家人；
>
> 打热水要防烫伤，仔细辨听不要满；
>
> 使用插板要安全，不要乱拉私接线。

2. 周边环境篇

学校周边环境的危险地带，一定要强调。教育内容包括周边环境、交通安全、人身安全教育。

> 学校旁有车站，马路边车来往；
>
> 红灯停绿灯行，过马路需人带；
>
> 走盲道较安全，不冒失不乱跑；
>
> 上下学有人接，陌生人不跟去；
>
> 保证人身安全，你我心里有数。

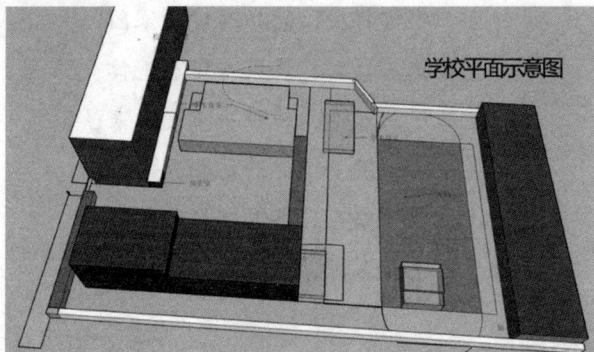

学校平面示意图

三、心理健康及文明礼仪

1. 教师进行自我介绍，分发课本，安排自我介绍和包书皮任务（用宽胶带，防止学生手划破）。

2. 学生自我介绍，一方面了解学生，另一方面锻炼说话的信心。

3. 一起玩一些游戏，逐步融入集体生活。

4. 介绍学校的时间安排和规章制度。

5. 文明礼仪。

（1）上学要跟家长说"再见"，碰到教师要问好，见到学生互相称好。

（2）课间活动要文明友爱，不在走廊奔跑、追逐打闹，不妨碍别人活动或休息。

（3）要别人帮助用"请"，得到别人帮助后要"谢谢"，不小心碰撞别人要道歉说"对不起"，别人碰着你，向你表示歉意时要说"没关系"。

（4）学生之间要互相关心，互相帮助，遇事要讲道理。

（5）对人要热情大方，客人来校参观，要主动上前问好。

<blockquote>
刚入学，一切新，遇老师，问声好；

遇同学，打招呼，遇长辈，有礼貌；

做任务，要完成，不会做，找老师；

学谦让，懂礼仪，知时间，懂规章。
</blockquote>

四、定向指导

视障学生熟悉学校环境，适应学校场所，进入安心学习的重要环节。教师带领学生各处走和介绍、定位位置，为其今后独自上学提供保障，也对熟悉学校里面各种事宜提供方便。做好这方面教育，视障学生会行动非常方便。

1. 从熟悉教室开始，熟悉自己的座位、教室的大小、物品摆放的地方等。

2. 走出教室，熟悉前往厕所、宿舍、餐厅的路线；集体出行时，教师讲解周边的环境，怎么样认路。

3. 前往操场，练习从教学楼后面和前面如何去操场。

4. 训练找不到方向时找墙和熟悉环境的方法。

5. 练习上下楼梯。

> 开学初，校园走，记方向，找地方；
> 左手边，右手边，前方向，转弯走；
> 操场上，篮球场，器械地，防碰撞；
> 楼周围，有东西，丢方位，去摸墙；
> 宿舍楼，住几层，哪间房，不记错；
> 教学楼，找教室，热水房，办公室；
> 心里清，莫慌乱，定方位，熟练习；
> 找餐厅，寻厕所，去宿舍，随便走；
> 电梯旁，不能去，大人带，方可行；
> 上楼梯，扶栏杆，脚抬起，防磕碰；
> 有几台，在哪边，哪个门，是什么；
> 靠右行，不撞人，对不起，没关系；
> 一层层，分左右，办公室，和教室；
> 走盲道，沿扶杆，不乱跑，定好位。

附：

导盲随行的几种方法

导盲者走近盲人，与之同向并排站立，并以靠近盲人侧的手背轻触盲人手背，同时予以适当的语言提示。（如"我带你走吧！"）

站位：盲人抓握后立即后退半步，到导盲者侧后方，盲人确信自己抓握侧的肩在导盲者对侧肩的后面。

随行：当导盲者迈脚后，盲人根据抓握侧的手所获得的信息跟随导盲者行走。

距离：盲人在行走时，始终与导盲者保持半步左右的距离。

导盲者将导盲臂从身体的一侧移至身后，手背轻贴后腰。盲人察觉导盲者的手臂的变化后，迅速从导盲者的一侧移至导盲者的背后，手臂伸直，步幅放小。

盲人要站在靠近门轴的一侧，如需要则采用换边的方法交换位置；要告诉盲人开门的方
向是"推"还是"拉"。

五、学习指导

在小学上课时，一节课要四十分钟，上午、下午都有课，不过并不是每节
课都在教室里上课。在教室里上课时，学生不能乱走、乱动、乱说，也不能吃
东西，要坐得好好的。

1. 课前准备篇

课前准备很重要，调节心情上厕所；

课本提前准备好，摆放整齐有秩序；

课间不要乱跑打，影响上课注意力；

最好知道要上啥，上课积极表现好。

2. 上课篇

铃声响，把嘴闭，立即走到座位上；

腰挺直，坐端正，两脚平平放在地；

脸向前，头抬起，看谁坐得最神气；

教师来，喊起立，齐声大喊老师好；

听讲课，要认真，有了问题要举手；

153

教师问，学生答，有问有答气氛好；

教师讲，莫插嘴，举手同意才说话；

站起来，站挺直，回答问题声洪亮；

小手指，来摸书，从左向右上向下；

教师领，学生读，多摸书来长知识；

写字板，有位置，写字要从右边写；

一二三，四五六，点位清楚才是字；

有秩序，有礼貌，师生和谐人人夸。

作业布置：学生练习写六点字，熟悉写字板和盲笔的使用。

视障学生六点字的练习，实际上是学习习惯、知识、专注力的训练，只有静下心来，专注力上去后才能写正确六点字。书写量随着能力提升而增加，也锻炼学生的手腕力量。

3. 下课篇

下课铃声响，一课结束了；

教师说下课，学生喊起来；

一起来说声，老师辛苦了；

教师先出门，收起用完书；

课间有准备，下节不慌张；

放学或操场，出门有秩序；

一个跟一个，不打不乱跑；

做个好学生，见面齐赞扬。

4. 课间

课间活动有秩序，公共场所爱环境；

一起活动讲秩序，重视礼让轻说话；

碰到教师问声好，关心同学有爱心；

游戏安全有礼让，文明礼貌待师生。

六、宿舍生活

1. 熟悉宿舍环境

根据生活老师安排，学生找到自己的床铺和柜子，摆放东西要整齐有秩序，一边摆放，一边记清位置；熟悉宿舍内部的构成，知道窗户、门、桌子还有其他学生的床铺位置，便于在宿舍行走生活；摸清自己的床铺高低，距离高处的高度，防止碰撞；分清左右上下铺的人，今后生活起来更加方便。

> 宿舍布局要记牢，床柜桌子和门窗；
>
> 分清上下左和右，记住舍友的位置；
>
> 生活老师值班室，有事去找问一问；
>
> 对待师生有礼貌，适应宿舍容易多。

2. 整理内务

宿舍内务分个人和宿舍。个人要会叠被子、铺床单、洗衣服、叠衣服，整理好床铺，在合适的位置洗脚等。宿舍卫生要靠大家，做好自己的个人内务，按照宿舍值日表做好宿舍卫生，记清卫生用品的摆放位置，按照打扫卫生方法，有次序地把宿舍卫生收拾好，平时窗户打开，保持空气流通，记得关门关窗，睡觉熄灯等。

> 先铺平，再三折，左右折，中间合；
>
> 床铺平，放整洁，先被子，再枕头；
>
> 时间长，晒一晒，有阳光，杀螨虫；
>
> 洗衣服，有次序，晾起来，晒阳光；
>
> 叠整齐，放柜子，到用时，方便取；
>
> 住校生，宿舍住，时间长，好好处；
>
> 搞卫生，没特例，宿舍好，你我他；
>
> 扔东西，有地方，不乱扔，不乱吐；
>
> 内务好，人舒服，人健康，无污染；
>
> 舍友间，常帮忙，生病时，多照看；
>
> 人相处，重情义，小细节，影响大；
>
> 管自己，顾别人，人员多，不自私。

整理内务主要包括以下要求：

（1）搞好个人和宿舍卫生，养成良好的卫生习惯。

（2）室内应保持整洁，做到地面无污垢、痰迹、烟蒂、纸屑；桌面、柜上、窗台上无灰尘、污迹、清洁、整齐，窗明几净，室内无蜘蛛网、无杂物。

（3）室内不准随便存放垃圾，垃圾应入筐，并及时倒掉。

（4）内务要整洁，室内学习用品、衣物等摆放整齐有序，不得存放无关的物品，个人生活用品应放在固定的柜内。

（5）学校每周进行室内外卫生检查，做好卫生防疫工作，发现问题及时采取措施，并向上级报告。

七、集体活动

1. 升旗

每周一的升旗仪式，这是全校例行的一次集体活动。全校师生参加活动，按要求举行升旗仪式。

教室门口整队列，一个接着一个走；

左手放在左肩上，保持距离队列走；

到了地方站整齐，稍息立正向前看；

听口令齐唱国歌，少先队员要敬礼；

升旗仪式很严肃，队内不说不乱动；

仔细听讲和要求，爱国教育很重要。

2. 开学典礼

学校在每学期初召开开学典礼，制定学期计划，提出新学期的希望。新的学期，新的面貌，昂扬精神，努力向前。

要求和注意事项：

（1）学生穿校服，排队前往会场。

（2）拿凳子的时候注意安全，不拥挤，有秩序地走。

（3）到会场后，尽快坐好，保持会场的安静。

（4）听见会议讲话，适时鼓掌，听到模范榜样，心中暗下决心，好好学习。

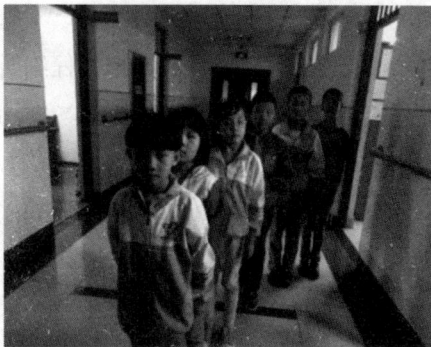

3. 广播操

广播操是视障学生课间一项重要的活动，通过做操让他们的肢体得到协调性发展。过程有：

整队：向前看（双手伸直搭在前排学生肩上）——立正（双手放两侧）——稍息（跨列）——立正（左手搭左肩，齐步向前走）。

散开：向左（右）转，然后两人手拉手散开，等手撑开，手放两侧。

做广播操：学习广播操主要靠教师做动作，学生摸教师动作后学习，然后教师纠正等。

4. 运动会

学校运动会是体育教育的一部分，旨在让学生参与运动，提高身体素养。运动会可以培养学生的集体观念，同时通过运动会，同学之情更加深厚。

具体要求：

（1）学生练习进入场和步伐，整齐划一的校服和步伐展示学生的精神面貌。

（2）练习口号，展示班级面貌，增强班级集体感和荣誉感。

（3）按要求站列，不乱动、不喧哗。

（4）在指定区域不乱跑，仔细听自己参与的项目。

（5）听到自己班级同学参赛，加油呐喊助威，不要跑入赛场，注意人身安全。

（6）自己参加项目，安全第一，努力向前争，体现体育精神，展示个人能力。

（7）比赛只是一时，人生努力不停。

（8）平时锻炼身体，养成良好素养。

5. 演出联谊

联谊演出是学校艺术教育的一部分，也是给新生提供兴趣教育的一个平台。

具体要求：

（1）学生穿校服，排队前往会场。

（2）拿凳子的时候注意安全，不拥挤，有秩序地走。

（3）到会场后，尽快坐好，保持会场的安静。

（4）一个节目结束，鼓掌表示欢迎，如有兴趣爱好，今后好好学习。

特殊教育学校一般通过小学、初中、中专几个年龄段的培养，让视障学生能够独立自主、更好地适应社会，具备在社会中生存发展的能力，而入学行为习惯教育需要一至两个月的实践进行行为习惯和适应的养成教育，才能让视障学生更好地开始学校的学习生活。这个过程也是特殊教育学校学生入学的必要环节。作为特殊教育学校，视障学生入学不像普通小学那样只是进行简单的熟悉环境、熟悉学校就可以了。视障学生入学教育涵盖环境、生活、心理、定向、生活、安全、集会等方面的教育，并且在教育过程中不能按部就班地完成计划，而是根据学生的现有状况和遇到的具体情形进行教育。这也是集康复、社会适应、定向行走几门视障教育的特殊课程的集合体，从实际出发更贴切视障学生，给他们今后生活带来便利，也为今后的学习、工作打下良好的基础。

第二节　听障新生入学课程

入学教育，作为学校在开学初期对一年级新入校的学生所进行的教育活动和训练，对他们今后的心理健康和行为习惯的发展有着十分重要的作用。

在实施听障学生入学教育的过程中，可以抓住以下几点：

一、让家长参与入学教育

1. 家长参与入学教育，能够理解学校的办学方向、校风建设和培养目标，提高对学校的信任度，对学校的教师有更进一步地理解，更有利于配合学校的工作。

2. 入学教育包含的内容和范围很多，不仅仅只是熟悉教师和学生，了解学校的行为规章制度，还包含有学生的行为习惯养成。比如，每天根据课程表收拾自己的书包，早晚洗脸刷牙，学习打扫房间，等等。在很多方面，班主任无法监督学生，需要家长予以配合。

3. 很多听障学生的家长是健全人，由于语言不通、缺乏交流，更无法深入了解他们的心理状况。在参与入学教育的过程中，家长可以逐渐和学生进行交流、相互沟通，建立信任，共同成长。

二、要符合听障学生的心理发展规律

1. 在入学前后，教师可以带着学生参观学校，激发他们的兴趣，引导学生产生今后将快乐地生活在学校的向往，增加学生对学校的认同感。

2. 一般刚入校的听障学生，接受班主任需要一定的时间。因此，班主任在对待学生的时候，要多将学生放在平等的位置上，态度上要做到热情、和蔼，多夸奖、少训斥，多使用鼓励性的语言和手势。

三、要符合听障学生的认知特点

听障学生的认知特点，决定了在入学教育中，我们应采取以下策略：

1. 听障学生对图形图像更感兴趣，也更易于理解和记忆。在教育过程中，教师尽量不要进行文字方面的说明，要多采用动作、图片、画图、实物研究的形式，让学生进行模仿。

大部分听障学生对画画有很大的兴趣，教师可以将一些教学内容转化成让学生自己动手画画，提高他们的兴趣，加深他们的理解。

2. 在入学教育内容的安排上，不要跨度太大，目标太高，尽量内容简单一些，过程详细一些，每次只完成一个较小的目标。

3. 很多学生在行为上都会有反复性，教师要允许学生犯错。在今后的常规教育中，教师引导他们将入学教育所涉及的内容反复练习。

4. 入学教育要与之后的养成教育做到有效衔接。

行为习惯养成教育操作指导表
（听障学生入学教育）

		级别	学生	家长	教师
生活习惯	1. 熟悉学校	I	基本了解学校的各个功能区	带领学生参观学校，熟悉学校	帮助学生尽快熟悉学校
	2. 洗手	II	学会正确的洗手 知道饭前便后要洗手	帮助学生学会正确的洗手方式	教授正确的洗手方式 教育学生饭前便后要洗手
	3. 洗脸、洗澡	II	会洗脸、会自己简单的洗澡 知道去哪里洗澡 知道洗完澡要收拾	帮助学生学会洗脸、洗澡	带领学生到澡堂，知道在哪里洗澡 教授洗澡流程 在学生需要时提供帮助
	4. 厕所	III	知道厕所在哪里 知道男学生去男厕所，女学生去女厕所 知道便后要冲洗便池	帮助学生知道如何如厕	带领学生辨认男厕所和女厕所 教授学生如何如厕
	5. 整理床铺	II	知道如何整理床铺 知道睡完觉以后要主动整理床铺	帮助学生学会如何整理床铺，叠被子	教授学生学会整理床铺，叠被子

续　表

		级别	学生	家长	教师
生活习惯	6. 打扫房间	I	知道一些简单的打扫房间的方法，会拖地、扫地、擦桌子、擦黑板、倒垃圾 知道要主动打扫房间 知道值日生要打扫教室	帮助学生学会在家收拾房间	教授学生打扫房间的方法 教育学生值日生的职责
	7. 吃饭	II	知道去哪里吃饭 知道如何取碗，如何等校工打饭	帮助学生熟悉学校的吃饭流程	帮助学生熟悉学校的吃饭流程 帮助学生记忆学生的座位位置
	8. 整理书包	I	知道简单地收拾书包 知道每天晚上整理第二天需要的课本	帮助学生学会收拾书包	教育学生要主动收拾书包
学习习惯	1. 上课	II	知道上课了，要在自己的座位做好		教育学生上课要坐好、不说话
	2. 下课	II	知道下课了，可以自由活动		教育学生下课了，可以自由活动，但不能乱跑，做危险的举动
思想道德	1. 节约	I	知道吃饭的时候要珍惜粮食	教育学生在吃饭的时候要珍惜粮食	教育学生在吃饭的时候要珍惜粮食
	2. 尊敬师长	I	知道要尊敬师长，友爱他人	帮助学生理解、尊敬他人	教育学生要尊敬师长，友爱他人
人际交往	1. 教师	II	知道自己班上的教师是谁	帮助学生熟悉、记忆教师	帮助学生了解班上的其他教师
	2. 同学	II	知道自己班上的同学和宿舍的同学都有谁	帮助学生了解其他同学	帮助学生了解其他同学
	3. 学校的其他人	II	知道除老师和同学以外，学校中还有其他人，知道他们都是干什么的		帮助学生了解学校的其他人

续 表

		级别	学生	家长	教师
礼仪	1. 和教师、同学打招呼	II	知道见到教师要问好，见到同学要打招呼 如果和教师、同学分别要说再见	帮助学生学会问好、打招呼	教育学生见到教师、同学要问好，离开要说再见
	2. 进教师办公室	II	知道进办公室要敲门，等待允许后才能进来 知道进办公室要主动说明来意 知道给教师交作业时要双手递交		教育学生如何进办公室，如何跟教师交流
	3. 和学生相处	I	知道和学生要友好相处 主动跟其他人交流	帮助学生和其他学生交流	帮助学生和其他学生交流
	4. 上课不要说话	II	知道上课的时候不要说话，不要打闹		教育学生学习上课礼仪
思维方式	1. 新学校的恐惧感	II	消除进入新学校的恐惧感	帮助学生消除新学校的恐惧感	帮助学生消除新学校的恐惧感
	2. 晚上睡觉	II	消除晚上独自睡觉的恐惧感	帮助学生消除晚上独自睡觉的恐惧感	帮助学生消除晚上独自睡觉的恐惧感

注：级别从易到难分为 I 、II 、III 。

第一章　认识学校
第一节　认识学校（1）

【教学内容】

认识学校的各个位置与功能，包括：主教学楼、教室、卫生间、开水间、垃圾桶。

【知识目标】

1. 了解自己的教室和上课范围。

2. 了解卫生间的位置。

3. 知道开水房有热水。

4. 知道垃圾桶的位置。

【能力目标】

1. 学会记得自己的教室。

2. 学会自己上厕所。

3. 学会分辨热水龙头和温水龙头。

4. 学会扔垃圾。

【情感目标】

1. 知道男学生和女学生不在同一个卫生间。

2. 不能随便打开水龙头。

3. 知道垃圾不能随便乱扔。

看一看

学校大门

教学楼大门

楼梯

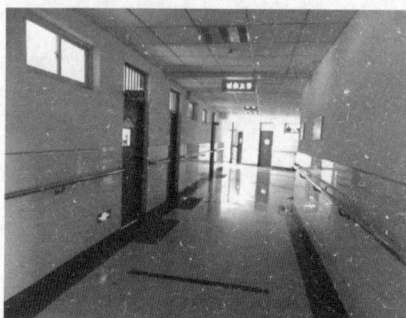

走廊

教室

男厕所

女厕所

开水间

垃圾桶

🖐 说一说

今天我们去了哪些地方？

第二节　认识学校（2）

【教学内容】

认识学校的各个位置与功能：宿舍、餐厅、操场、澡堂。

【知识目标】

1. 知道宿舍的位置。

2. 知道餐厅的位置。

3. 知道操场的位置。

4. 知道澡堂的位置。

【能力目标】

1. 记住自己的宿舍。

2. 学习如何打饭。

【情感目标】

知道自己今后要在学校生活，增加对学校的认同感。

✋ **想一想**

1. 我们的教室怎么走？

2. 想上厕所怎么办？

✏ **看一看**

男宿舍楼

女宿舍楼

男澡堂

女澡堂

操场   餐厅

美丽的校园

第三节　　学校的工作人员

【教学内容】

认识学校的工作人员。

【知识目标】

认识学校的工作人员——教师、生活老师、餐厅工作人员、保安、清洁工等。

【能力目标】

1.能识别学校的工作人员。

2.知道学校工作人员具体所从事的工作。

【情感目标】

1.了解学校工作人员为学生的辛勤付出。

2.学会见到学校工作人员一视同仁。

看一看

1. 他们是谁?

2. 和我们有什么关系?

教师

生活老师

餐厅工作人员

保安

说一说

我们应当怎样对待他们?

第二章　我的集体

第一节　教师和学生

【教学内容】

1. 记住教师、学生的名字。

2. 学习打招呼。

【知识目标】

1. 知道自己的班主任和主要任课教师。

2. 知道自己班上的同学。

【能力目标】

1. 学会见到教师要鞠躬问好。

2. 学会和同学打招呼。

3. 学会离开的时候说再见。

【情感目标】

1. 知道见到不同的人要有不同打招呼的方式。

2. 知道对教师要尊敬。

3. 知道对同学要友爱。

4. 学习交流。

做一做

认识班主任、主要任课教师和同学们。

画一画

我的老师

我的同学

🖐 **说一说**

见面的时候对教师和同学怎么打招呼？

老师好

同学好

告别的时候怎么打招呼？

老师再见

同学再见

第二节　我们的班级

【教学内容】

1. 认识教室的位置。

2. 认识教室的物品。

3. 了解自己的班级。

【知识目标】

1. 知道自己教室的位置。

2. 知道教室各物品的摆放和使用方法。

3. 知道自己的班级是一个整体。

【能力目标】

1. 学会爱护班级的物品。

2. 学会使用班级物品后放回原位。

【情感目标】

1. 培养学生爱护公物的意识。

2. 培养学生用完物品放回的意识。

3. 知道班级是一个整体，要维护集体的利益。

画一画

说一说

我的班是＿＿＿＿＿＿＿＿＿＿＿。

班上有名同学＿＿＿＿＿＿＿＿＿＿。

班主任是＿＿＿＿＿＿＿＿＿＿。

想一想

我和同学们可以做什么？

第三节　认识宿舍（1）

【教学内容】

认识环境，认识自己的宿舍。

【知识目标】

1.知道自己的宿舍的位置。

2.知道自己的床的位置。

3.知道住宿舍需要哪些物品，放在哪里。

【能力目标】

1.学会找自己的宿舍和床。

2.学习收拾自己的床铺。

3.学会物品的摆放。

【情感目标】

知道宿舍是自己今后将要生活的地方，对宿舍产生亲切感。

欢迎来到新家

画一画

我的宿舍门牌号。

说一说

住宿舍需要哪些东西？

这些东西应该放在哪里？

做一做

布置自己的宿舍。

第四节　认识宿舍（2）

【教学内容】

认识环境，认识宿舍工作人员。

【知识目标】

1.认识生活老师。

2.认识其他住宿生。

【能力目标】

1.能够辨认生活老师。

2.能够辨认自己同宿舍的同学。

【情感目标】

1.知道遇到事情要找生活老师。

2.知道以后可以让大同学帮助自己。

3.学习交流。

4.克服紧张情绪。

说一说

宿舍老师平时如何照顾我们？

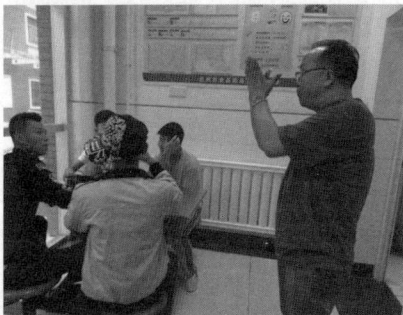 

想一想

宿舍的同学平时都做些什么？

我在宿舍里应该做什么？

如果在宿舍遇到问题，应该找谁？

写作业　　　　　　　　　　　　交朋友

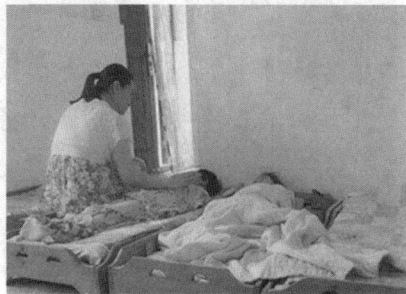

生活老师帮助我们　　　　　　　　大同学帮助我们

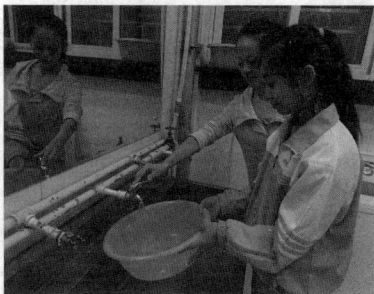

第三章　生活技能
第一节　打开水

【教学内容】

认识开水房的功能。

【知识目标】

1. 知道宿舍开水房的功能。

2. 知道温水龙头、热水龙头。

3. 学会打开水。

4. 知道不能喝生水。

【能力目标】

能够使用暖壶、水杯打开水。

【情感目标】

1. 学会打开水的时候不能分心。

2. 知道不要轻易将手伸到热水下。

3. 不能干扰别人打水。

4. 懂得排队。

看一看

打开水的地方在哪里？

开水房

说一说
怎样打开水?

放在水龙头下,对准杯口　　　　打开水龙头

注意观察水　　　　关掉水龙头

想一想
打开水的时候我们应该注意什么?

排队

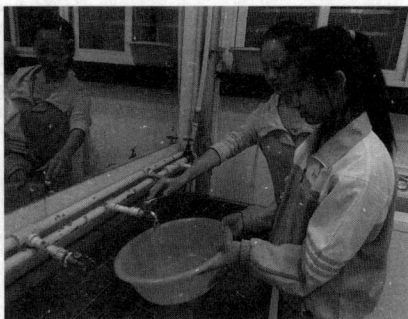

互相帮助

第二节　上厕所

【教学内容】

认识厕所。

【知识目标】

学会上厕所。

【能力目标】

能够独立上厕所。

【情感目标】

1. 知道男学生和女学生不在同一个厕所。

2. 克服黑夜上厕所的恐惧感。

说一说

教学楼上的男厕所在＿＿＿＿＿＿＿＿。

教学楼上的女厕所在＿＿＿＿＿＿＿＿。

宿舍楼上的男厕所在＿＿＿＿＿＿＿＿。

宿舍楼上的女厕所在＿＿＿＿＿＿＿＿。

做一做

我们怎么上厕所？

手纸放到哪里？

上完厕所，我们应该注意什么？

🖊 **说一说**

这些标志代表了什么含义?

🌸 **做一做**

晚上上厕所记得踩脚开灯。

第三节　洗手

【教学内容】

生活技能训练——学会洗手。

【知识目标】

1. 学会洗手。

2.知道使用香皂。

3.知道洗完手用毛巾擦干。

【能力目标】

能够掌握正确的洗手方式。

【情感目标】

培养爱干净的习惯。

✎ 想一想

为什么要洗手？

什么时候要洗手？

✎ 说一说

应该怎么洗手？

打肥皂

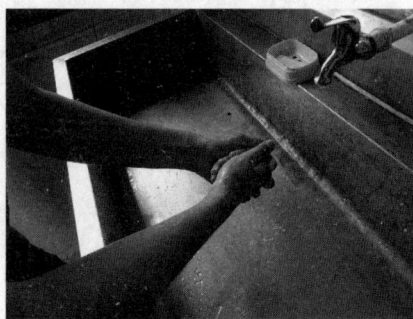

洗干净

做一做

练习洗手。

第四节　洗脸

【教学内容】

生活技能训练——学会洗脸。

【知识目标】

1. 学会自己洗脸。

2. 学会用毛巾擦脸。

【能力目标】

能够正确的洗脸。

【情感目标】

1. 培养爱干净的习惯。

2. 学会节约用水。

想一想

我们用什么工具洗脸?

✐ 说一说

我们怎么样洗脸?

水盆盛水

将毛巾打湿

用毛巾擦脸

香皂打泡

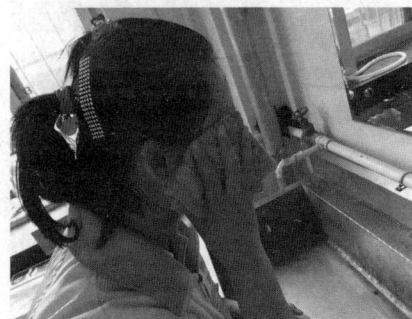
用泡沫抹脸

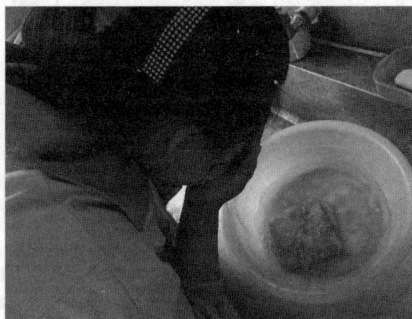
用水冲掉脸上的泡沫

洗毛巾

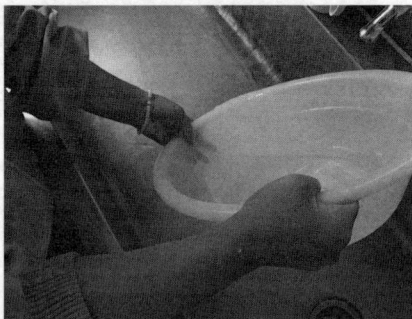
倒水

想一想

在洗脸的时候，我们还要注意什么？

做一做

每天早晚都要洗脸，填涂个人清洁记录卡。

第五节　刷牙

【教学内容】

生活技能训练——学会刷牙。

【知识目标】

1. 学会刷牙。

2. 知道要爱护牙齿，保持口腔卫生。

【能力目标】

能够正确刷牙。

【情感目标】

1. 知道刷牙的时间和次数。

2. 培养爱干净的习惯。

想一想

我们为什么要刷牙?

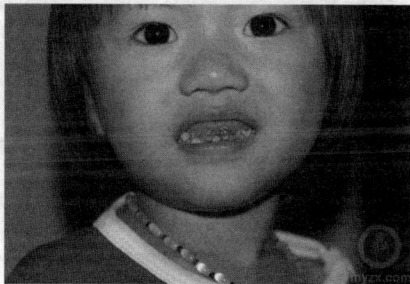

龋齿　　　　　　　　　　　牙疼

口腔溃疡 口臭

说一说

刷牙的工具。

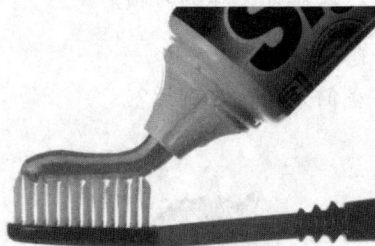

刷牙的步骤是什么？

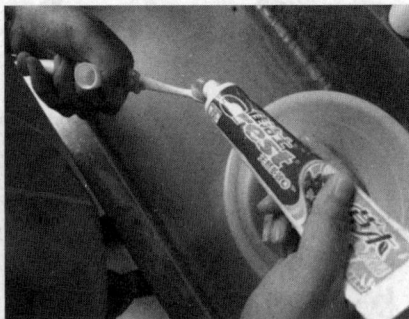

接水 挤牙膏

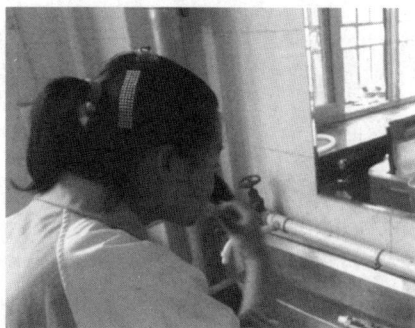

刷牙

漱口

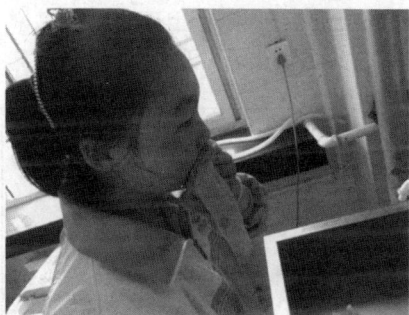

用毛巾擦嘴

洗干净牙刷和水杯

看一看

具体刷牙的方法。

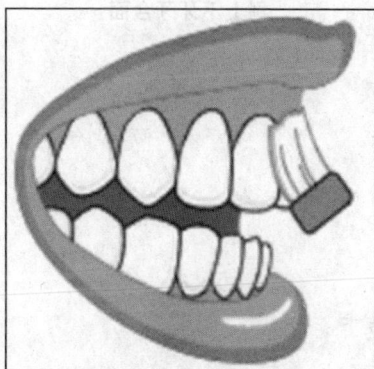

刷上下前牙唇侧，上牙由上往下
刷，下牙由下往上刷

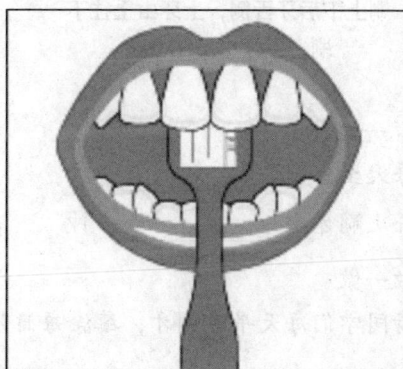

刷上牙前腭

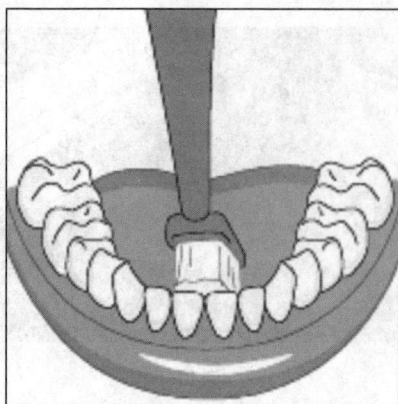

刷下前牙舌侧

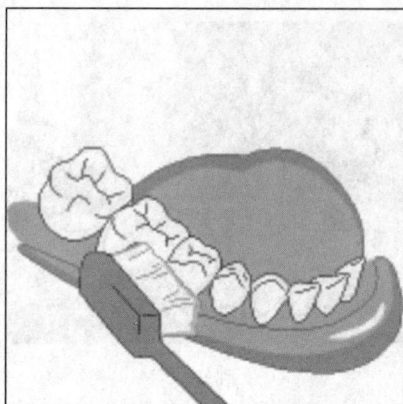

刷上下后牙颊侧，上牙由上往下
刷，下牙由下往上刷

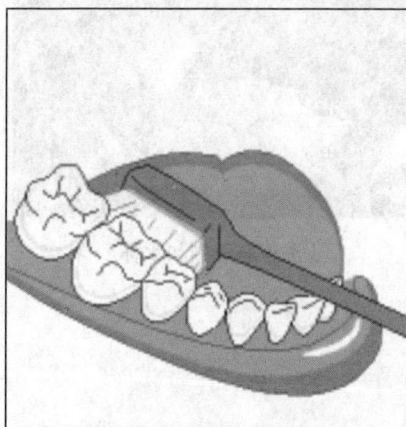

刷上下后牙舌侧，上牙由上往下
刷，下牙由下往上刷

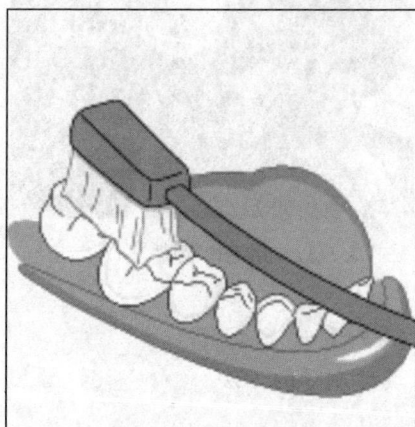

刷上下牙牙合面

🖋 说一说

每天至少刷牙＿＿＿＿＿＿次。

每次刷牙要＿＿＿＿＿分钟。

🔎 做一做

请同学们每天早晚刷牙，填涂每日清洁卡。

第六节　吃饭

【教学内容】

生活技能训练——学会打饭。

【知识目标】

1.学会取放餐具。

2.学会等待餐厅工作人员给自己打饭。

【能力目标】

能够正确打饭。

【情感目标】

1.培养排队的意识。

2.培养正确取放物品的意识。

3.学会节约粮食。

看一看

我们在哪里吃饭？

说一说

我们怎么打饭？

排好队，领餐具

等待工作人员打饭

吃饭

将餐具放进回收框

想一想

餐厅工作人员帮我们打饭后我们应该做什么？

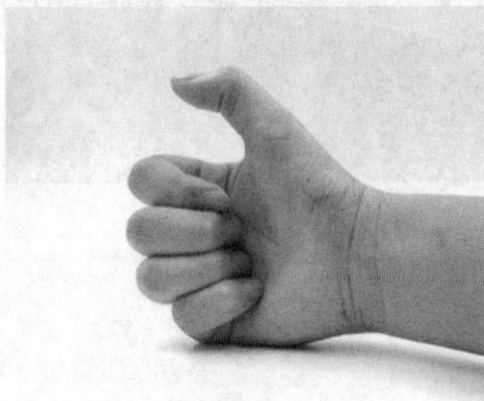

谢谢

第七节 睡觉

【教学内容】

生活技能训练——学会中午和晚上睡觉。

【知识目标】

1. 知道睡觉的时间。

2. 知道起床的时间。

3. 走读生知道中午去哪里休息。

【能力目标】

1. 能够按时睡觉。

2. 能够按时起床。

3. 知道睡前不宜做的事情。

【情感目标】

1. 能够独立睡觉。

2. 克服家长不在的不适感。

3. 不打扰他人睡觉。

想一想

午睡时间是_____，晚上睡觉时间是_____。

中午睡觉前的顺序是什么？

晚上睡觉前的顺序是什么？

说一说

睡觉的姿势应该是怎样的？

第八节　整理床铺

【教学内容】

学会整理床铺。

【知识目标】

知道起床后要整理床铺。

【能力目标】

能够独立整理床铺。

【情感目标】

1.知道自己的事情自己做。

2.培养整洁的习惯。

看一看

叠被子的方法。

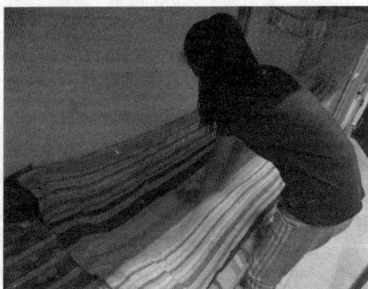

在床上把被子展开平铺，长边对着自己

找好中心线，将被子的一条长边
向中心线对折

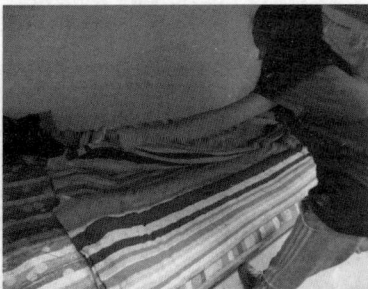

将被子的另一条长边向中心线对折

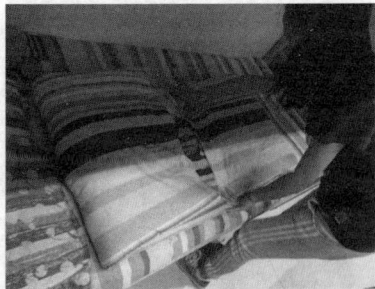

再找中心线，将被子的两条短边
向中心线对折

再对折，将被子整理成长方块

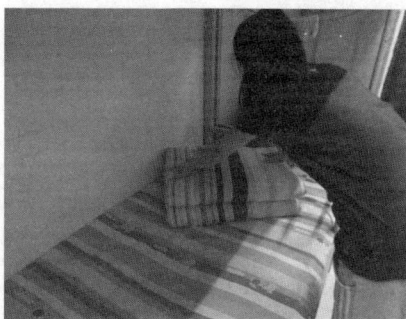

被子叠好后放到床尾

把枕头放平整

把床铺铺平整

🌸做一做

每天起床都要叠被子。

第四章　班级卫生
第一节　擦黑板

【教学内容】

生活技能训练——学会使用抹布和板擦擦黑板。

【知识目标】

1.知道自己是值日生。

2.知道使用抹布和板擦擦黑板。

3.知道下课后主动擦黑板。

【能力目标】

能够将黑板擦干净。

【情感目标】

1. 知道主动承担值日任务。

2. 知道劳动要做好。

说一说

黑板有什么作用?

黑板上的字不用了怎么办?

擦黑板需要哪些东西?

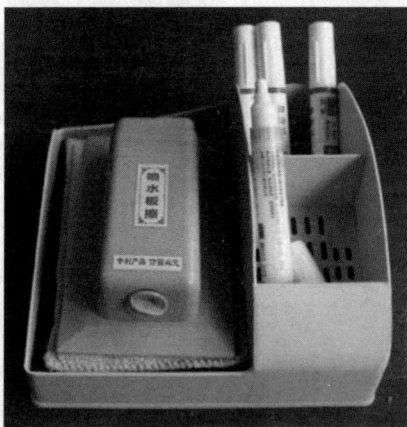

看一看

擦黑板的方法。

先用板擦擦黑板

再用湿抹布擦黑板

说一说

自己动手擦黑板，怎样擦才能擦干净？

左右擦

上下擦

擦完的粉笔灰怎么办？

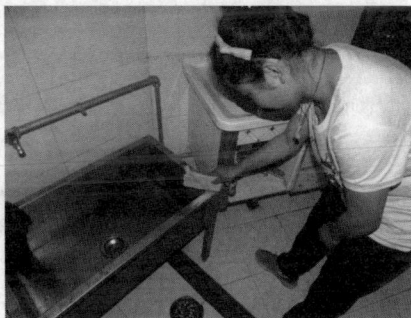

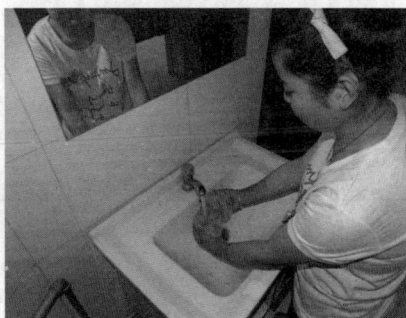

看一看

下面哪个黑板更干净？

第二节　扫地

【教学内容】

生活技能训练——学会扫地。

【知识目标】

1. 知道打扫卫生首先要扫地。

2. 知道扫地的方法。

3. 知道卫生工具在教室放置的位置。

【能力目标】

能够将地扫干净。

【情感目标】

1. 知道主动承担值日任务。

2. 学会分工合作，共同劳动。

3. 知道使用东西后物归原位。

看一看

扫帚放在_____，簸箕放在_____，洒水壶放在_____，垃圾桶放在_____。

🖐 **说一说**

怎样扫地?

🖐 **想一想**

扫地时应该注意什么?

灰尘大要洒水   有人路过要停下

第三节　擦桌子

【教学内容】

生活技能训练——学会擦桌子。

【知识目标】

1.知道如何擦桌子。

2.知道擦完桌子要将桌子上的东西重新摆放。

【能力目标】

1.能够将桌子、窗台擦干净。

2. 能够正确将桌子上的东西放回原位。

3. 能够触类旁通地学会擦拭其他物品。

【情感目标】

1. 知道主动承担值日任务。

2. 知道劳动要做好。

说一说

怎样擦桌子？

想一想

怎样算擦干净了呢？

还有哪些地方需要擦？

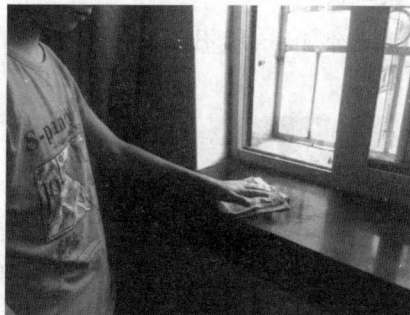

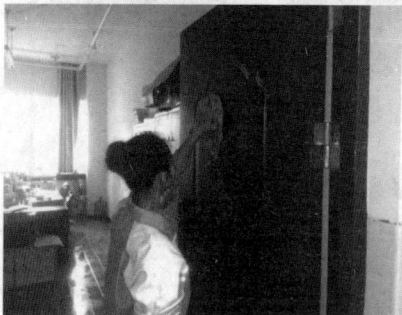

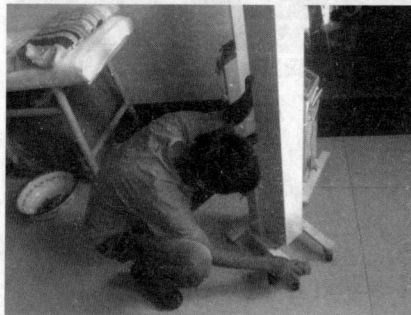

第四节　洗毛巾

【教学内容】

学会洗毛巾、抹布。

【知识目标】

1.知道毛巾和抹布脏了要洗。

2.知道怎样洗毛巾和抹布。

【能力目标】

1.能够将毛巾洗干净。

2.能通过洗毛巾，学会洗其他衣物。

【情感目标】

1.知道主动承担值日任务。

2.知道劳动要做好。

想一想

我们为什么要洗毛巾？

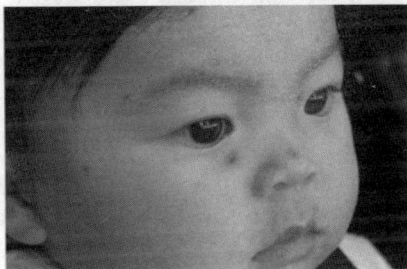

说一说

我们用什么东西洗毛巾？

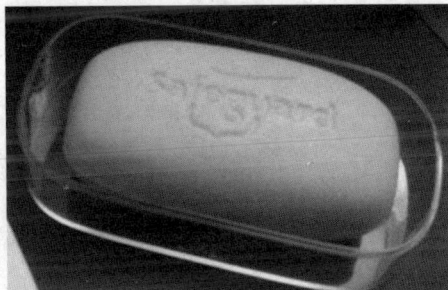

看一看

怎么洗毛巾？

将洗衣粉倒在水里

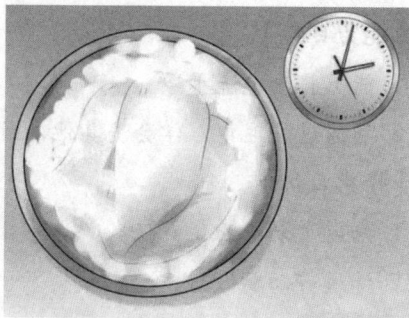

将毛巾浸泡15分钟

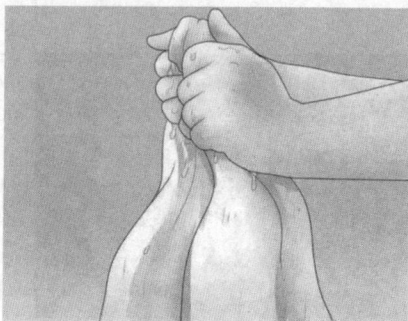

揉搓毛巾

挂在太阳下或通风处晾干

说一说

除了洗毛巾，我们还可以用这个方法做什么？

做一做

练习洗毛巾、抹布等。

第五节　拖地

【教学内容】

学会拖地、洗拖把。

【知识目标】

1.知道扫完地要拖地。

2.知道拖地的方法。

3.知道洗拖把的方法。

【能力目标】

能够将地拖干净。

【情感目标】

1.知道主动承担值日任务。

2.知道劳动要做好。

🎤 说一说

打扫的顺序应当是怎样的？

拖地需要哪些工具？

🖌 看一看

怎样使用拖把？

怎样拖地？

| 左手在上，右手在下 | 来回拖 |

第六节　整理教室

【教学内容】

学会摆放桌椅，摆放其他物品，将物品放回原处。

【知识目标】

1. 知道如何摆放桌椅。

2. 知道如何将教室的东西摆放整齐。

【能力目标】

1. 能够将桌椅摆放整齐。

2. 能够将用过的物品放回原处。

【情感目标】

1. 知道主动承担值日任务。

2. 知道公共场所要保持干净整齐。

想一想

教室打扫完毕，还需要做什么？

说一说

怎样摆放桌椅？

桌子太重怎么办？

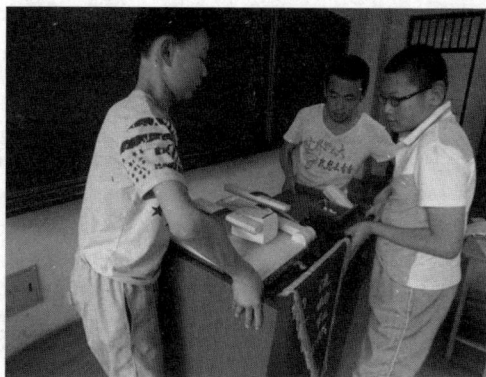

大家相互帮忙

🌼 做一做

学生在教师的指导下整理教室。

个人清洁记录卡

		周一	周二	周三	周四	周五	周六	周日	洗澡
1	刷牙	☀🌙	☀🌙	☀🌙	☀🌙	☀🌙	☀🌙	☀🌙	☺
	洗脸	☀🌙	☀🌙	☀🌙	☀🌙	☀🌙	☀🌙	☀🌙	
2	刷牙	☀🌙	☀🌙	☀🌙	☀🌙	☀🌙	☀🌙	☀🌙	☺
	洗脸	☀🌙	☀🌙	☀🌙	☀🌙	☀🌙	☀🌙	☀🌙	
3	刷牙	☀🌙	☀🌙	☀🌙	☀🌙	☀🌙	☀🌙	☀🌙	☺
	洗脸	☀🌙	☀🌙	☀🌙	☀🌙	☀🌙	☀🌙	☀🌙	
4	刷牙	☀🌙	☀🌙	☀🌙	☀🌙	☀🌙	☀🌙	☀🌙	☺
	洗脸	☀🌙	☀🌙	☀🌙	☀🌙	☀🌙	☀🌙	☀🌙	
5	刷牙	☀🌙	☀🌙	☀🌙	☀🌙	☀🌙	☀🌙	☀🌙	☺
	洗脸	☀🌙	☀🌙	☀🌙	☀🌙	☀🌙	☀🌙	☀🌙	
6	刷牙	☀🌙	☀🌙	☀🌙	☀🌙	☀🌙	☀🌙	☀🌙	☺
	洗脸	☀🌙	☀🌙	☀🌙	☀🌙	☀🌙	☀🌙	☀🌙	
7	刷牙	☀🌙	☀🌙	☀🌙	☀🌙	☀🌙	☀🌙	☀🌙	☺
	洗脸	☀🌙	☀🌙	☀🌙	☀🌙	☀🌙	☀🌙	☀🌙	
8	刷牙	☀🌙	☀🌙	☀🌙	☀🌙	☀🌙	☀🌙	☀🌙	☺
	洗脸	☀🌙	☀🌙	☀🌙	☀🌙	☀🌙	☀🌙	☀🌙	

第三节　智障新生入学课程

亲爱的同学们，欢迎你们来到学校，成为一名一年级的学生。

离开爸爸妈妈，让我们跟着老师一起去迎接新的学校生活吧！

◆◆ 入学前准备 ◆◆

　　教师对学生和家长进行面询，了解学生情况，对每名学生语言能力、生活自理、粗大动作、精细动作、情感和学习意识等领域进行筛查测试，做好分析记录，对所有学生的学习能力等有较全面的认识、了解，并详询有无癫痫、苯丙酮尿症等特异体质及情绪行为问题，与家长互留联系方式，强调入学的注意事项，准备相关学具和生活用品。

> 背上小书包，开心到学校。
>
> 文具要备齐，书本要装好。
>
> 水杯要带好，纸巾装身上。
>
> 要求认真听，守纪不乱跑。

一、入学心理教育

小学一年级对智障学生来说是陌生的、不知所措的。作为教师，首先要引导学生认识老师、同学，带领学生熟悉学校的环境，认识常见的学习用品等，从而让学生有足够的心理准备适应小学的学习和生活。其次，教师要培养交往意识和集体意识，让他们知道如何和老师、同学相处，积极参与班级活动。

1. 认识老师同学

刚入学的智障学生对一切都十分陌生，认识老师、同学也就成了入学教育的必修知识，能够使他们获得归属感，更好地参与集体生活。

老师

同学

教师点名，学生答到

🧑 温馨提示

1. 教师要先进行自我介绍，让学生认识自己。

2. 教师引导学生进行自我介绍。

3. 创设情境，训练师生问好。

2. 认识学校环境

刚入校的智障学生对学校环境比较陌生，往往找不到教室、操场、餐厅、宿舍……因此，教师首先要引导他们认识和熟悉学校环境，同时教育学生要爱护学校的环境，进行养成教育。

教室

操场

餐厅

吃饭

宿舍

睡觉

新生入校后，环境要熟悉，

教室里上课，操场上运动，

餐厅里吃饭，宿舍中睡觉。

温馨提示

1.教师安排学生一起玩一些游戏,逐步融入集体生活。

2.教师介绍学校的作息时间和规章制度。

3. 认识学习用品

智障学生与健全学生不同,他们并不了解学习用品的用途和作用,往往会乱扔乱放。因此,教师必须引导学生认识学习用品,了解用途,同时教育学生要爱惜学习用品,养成良好的习惯。

铅笔

橡皮

文具盒

书包

本子

小书包里文具多，

铅笔橡皮本子书，

都是学习好伙伴，

我们大家爱惜它。

温馨提示

教师要指导学生学会摆放文具，整理书包。

二、一日常规教育

（一）生活篇

1. 饮食

日常饮食习惯的培养是刚入学智障学生养成教育的重要内容之一。养成良好的校内饮食习惯，能够帮助他们更快地适应学校生活。

（1）喝水。养成良好的饮水习惯是智障学生入学教育的内容之一，教师要教育学生做到多喝热水。对于智障学生来说，接水、喝水的技能都需要进行专门的强化训练。

接水时，端稳杯子，

不要盛满，小心烫伤。

喝水时，拿稳杯子，

靠近嘴巴，慢慢喝水。

同学们，来喝水，

你先我后不拥挤，排好队伍取水杯，

端稳杯子去接水，接水接到半茶杯，

回到座位慢慢喝，喝完水杯放回橱。

温馨提示

1. 刚倒的热水先不要喝，凉一凉再喝。

2. 喝水时要慢慢喝，小心呛到。

3. 喝水时要坐好，做到不说话、不打闹。

（2）就餐。养成良好的就餐习惯也是智障学生入学教育的重要内容，需要掌握基本的就餐技能之一。教师要在一日常规训练中教育学生遵守就餐纪律、不浪费粮食，培养学生良好的就餐习惯。

做个文明好学生，就餐礼仪不能少。

吃饭之前洗洗手，排队进入小餐厅。

有序打饭不拥挤，找好位置坐坐好，

左手扶碗右握勺，一口饭来一口菜。

不挑食来不剩饭，自己吃饭真能干。

要添饭菜举举手，不撒不漏真干净。

餐后收拾少不了，比比谁是好学生。

温馨提示

教师要指导学生吃饭时做到一手扶碗、一手盛饭，注意每次别盛太多。

2. 午睡

午睡是智障学生一日生活中的重要内容。由于智力缺陷，学生不容易养成按时午睡的习惯，这就需要教师配合生活老师的工作，对刚入校学生进行午睡训练。帮助学生养成良好的生活习惯，有助于学生的身体发育。

午睡到，午睡到。

脱下鞋子摆放好，脱掉衣裤叠整齐；

小枕头放放平，小花被盖盖好；

养成午睡好习惯，身体健康人人夸。

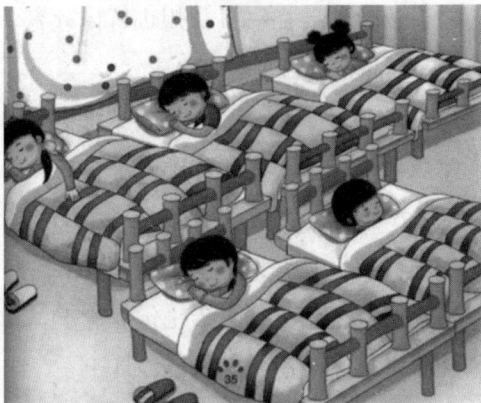

🧑 温馨提示

1. 午睡前要提醒学生先上厕所。

2. 午睡时不要说话，安静入睡。

3. 如厕

如厕是培智学校一日活动中的重要生活环节。刚入学的智障学生在如厕中产生的问题最为突出，令家长和教师苦恼不已。因此，从小培养智障学生的如厕行为习惯，可以提高他们的生活适应能力，促进身心的健康发展。

上厕所，要文明，男女厕所要分清；

看清标识再进入，入厕不推也不挤；

大便小便要入池，手纸用完放纸篓；

便后冲厕和洗手，如厕习惯要养成。

🧑 温馨提示

培养智障学生如厕习惯时，要注意以下几点：

1. 上厕所前先看清男、女厕所标识，再进厕所。

2. 要在厕所里脱裤子。

3. 便后要冲厕所和洗手。

4. 个人卫生

智障学生由于智力缺陷导致他们经常不注意个人卫生，脸脏了、手脏了、衣服脏了，一点儿也不难为情，没有养成良好的个人卫生习惯。通过训练，从小养成良好的卫生习惯和生活能力，帮助他们适应社会生活奠定基础。

> 干净纸巾随身有，勤剪指甲勤洗头。
>
> 饭前便后要洗手，早晚刷牙常漱口。
>
> 耳朵鼻子不能抠，脏手不把眼来揉。
>
> 仪表整洁天天要，个人卫生常讲究。

（1）洗手。智障学生没有脏的概念，手脏了也不知道要洗干净，这样不利于他们的健康成长。所以，教师就要教给他们洗手的方法，让他们养成勤洗手的好习惯。

> 一年级的小朋友，
>
> 快来快来洗洗手。
>
> 挽起小衣袖，打开水龙头，
>
> 淋湿小小手，打上小香皂。
>
> 手心搓一搓，手背搓一搓，
>
> 清水冲一冲，毛巾擦一擦。
>
> 我的小手真干净。

温馨提示

1. 班主任为每名学生准备一条漂亮的毛巾，激发学生洗手的兴趣。

2.在生活适应课中，对学生进行洗手训练，教给学生正确的洗手方法。

3.举行"我的小手真干净"洗手比赛活动，巩固展示技能。

（2）擤鼻涕。智障学生在流鼻涕时往往不知道该如何处理，不是用手抹一抹，擦得满脸都是，就是擦在衣服上，或者干脆不管，任鼻涕流进嘴里，这都是不卫生的。因此，教给他们擤鼻涕的方法对于良好卫生习惯的培养十分重要。

> 小学生，讲卫生，
>
> 有了鼻涕自己擤。
>
> 拿出小纸巾，包住小鼻子，
>
> 用手捏一捏，轻轻擦干净。

🎐 温馨提示

训练智障学生擤鼻涕时，要注意以下几点：

1.前期训练时，教师要提醒学生擤鼻涕，逐步弱化指令。

2.擤鼻涕的技能对于学生的双手协调性要求较高，教师要对能力弱的学生进行一对一训练。

3.结合班级实际开展"卫生之星"的评比。

5. 教室卫生

> 教室卫生要保持，养成卫生好习惯；
>
> 纸屑杂物不乱放，及时扔进垃圾桶；
>
> 值日工作要做好，打扫卫生不偷懒；
>
> 每节课下擦黑板，讲桌物品摆整齐；
>
> 下午放学摆桌椅，整齐摆放有秩序；
>
> 地面垃圾细细扫，拖把一拖地干净；
>
> 擦擦扫扫认真做，干干净净每一天。

🎐 温馨提示

1.根据学生的实际能力，选择学生能完成的项目，如擦黑板、擦桌子、倒垃圾、扫地、拖地等，进行一对一训练，并指导学生合作完成教室卫生的打扫，做好值日工作。

2.家校合作，做好这项能力的巩固训练。

（二）学习篇

学生每天在学校里要上六节课，每节课的课间休息十分钟。上课学习、课间活动都需要养成良好的习惯。这样，才能学到生活所需的知识与本领。

1. 课前准备

养成学习好习惯，课前准备不能少。

书和文具盒，摆在桌子上；

小手放放好，小脚并并拢；

眼睛向前看，坐得端又端。

2. 上课

上课铃声响，快快进课堂；

教师喊上课，学生要起立；

起立要站直，身子不乱晃；

师问学生好，齐回老师好；

教师说请坐，坐正向前方；

上课认真听，注意力集中；

发言先举手，回答声响亮；

课文要指读，算数伸手指；

跟着教师走，争做好学生。

3. 下课

下课铃声响，教师说"下课"；

起立站端正，师生说"再见"；

赶快做准备，书本摆放好；

桌椅快对齐，纸屑入纸篓；

洗手上厕所，再与伙伴玩。

4. 课间活动

丁零零，下课了，文明休息不喊叫；

上下楼梯靠右行，教室走廊不奔跑；

游戏做操守规则，团结友爱不打闹；

5. 放学

> 放学不慌张，整理好文具；
>
> 穿戴好衣物，背上小书包；
>
> 排队慢慢走，操场集合去；
>
> 教师点到名，说一声再见；
>
> 牵着爸妈手，平安回家去。

温馨提示

1. 入校第一学期，每节课课前五分钟对学生进行课前准备专项训练，对能力较弱的学生要进行一对一专门训练。

2. 下课时，要引导学生养成先做课前准备，再上厕所，最后活动的习惯。

3. 课间活动时，要对学生提出明确要求，做到不打闹、不乱跑，并结合代币奖励强化课间行为。

使用代币制训练学生的学习习惯：

代币制作为一种有效的评价措施，可以强化智障学生的良好学习习惯，在行为习惯养成教育发挥较大的作用。代币制的实施，可以分为以下几个步骤实施：

第一，观察与评估。观察和评估实施对象，确定需要培养的学习行为及需要改正的不良学习习惯。

第二，准备阶段。首先，根据观察所得的学生学习特征及行为表现，将学生分为A、B、C三组，针对A组学生，相对提高目标行为要求，对B、C组学生适度降低要求，使代币实施适用于所有学生。其次，创办学习园地，确定小星星为次级强化物，主题为"成长满天星"，以粘贴小星星的形式进行奖励，并在星星上方粘贴每位学生的照片，使其对代币产生关注。最后，根据学生喜好，确定糖、橡皮、铅笔为原级强化物，针对学生不同需要发放不同奖励，避免学生产生规避感。

第三，评价实施阶段。首先，教师与学生共同制定一个代币奖惩规则契约表，如下：

代币评价规则契约表

行为表现	获得代币	行为表现	扣除代币
课堂			
上课离座0次	☆	上课离座	☆
上课吃/喝东西0次	☆	上课吃/喝东西	☆
上课举手发言至少1次（BC组）	☆☆	上课乱喊	☆
上课回答对问题至少1次（A组）	☆		
课后			
认真做操	☆	打架、说脏话	☆☆
按时完成家庭作业（B组）	☆	偷（抢）东西	☆☆
家庭作业全部正确（A组）	☆	没有做好课前准备	☆☆
课间活动有秩序（C组）	☆☆	没有完成家庭作业	☆☆
整理学习用品（B组）	☆☆		

其次，每周利用班队会时间，公开每位学生所得小星星，进行评比，并按兑换表给予相应的实物奖励。其中，小愿望可以与日常实践活动相融合，如组织学生去看电影、逛动物园等。

给予相应实物奖励兑换表

强化物	星星数
一颗糖果	☆
一块橡皮	☆☆
一支铅笔	☆☆☆
看一集动画片	☆☆☆☆
满足一个小愿望	☆☆☆☆☆☆☆☆☆

教师必须适时根据班级学生的实际情况，恰当地改变代币评价契约表中的因素，以免学生产生倦怠。

（三）活动篇

智障学生的养成教育还包含在升降国旗、开学典礼、运动会等集体活动中，通过规则教育和礼仪教育，使学生养成良好的行为习惯和文明礼仪，为他们今后融入社会打下坚实的基础。

1. 升降国旗

学校举行升降国旗仪式，旨在学生通过这一具有教育意义的活动，受到深刻的爱国主义教育。学生在参加升降国旗的仪式时，要自觉遵守有关的礼仪规则。

（1）升国旗。升国旗是学校每周一早上到校后例行的集体活动。升国旗时，要求学生穿校服、戴红领巾，做到唱国歌、行队礼。

> 周一到，升国旗，红领巾，胸前飘。
>
> 小学生，要肃立，头要正，胸要挺。
>
> 国歌响，行队礼，小眼睛，看国旗。
>
> 师讲话，认真听，人人争当好学生。

（2）降国旗。降国旗是学校每周五下午例行的集体活动。降国旗时，要求学生穿校服、戴红领巾，降旗时全体师生都应面向国旗，自觉肃立，少先队员行队礼。

2. 开学典礼

开学典礼是学校教育的重要组成部分，是新学期开始时举行的隆重仪式，一般于开学第一周召开，其目的是振奋师生精神，营造浓厚的开学氛围，使学生快速进入到学习状态。

开学典礼的具体要求：

（1）学生穿校服、戴红领巾，排队前往操场。

（2）上下楼梯靠右行，不拥挤、不打闹。

（3）到操场后，按班级排队站整齐，保持会场的安静，不喧哗。

（4）认真听校长的开学致辞，适时鼓掌。

（5）典礼结束，按照班级安排有序离场，保持校园环境卫生。

3. 运动会

运动会是培智学校重要的赛事活动。通过学生人人参与，锻炼学生的意志力，培养学生的集体意识和拼搏意识，促进学生的身心全面发展。运动会的具体要求：

（1）运动会前一天进行运动员入场彩排，进行行进间训练。各班选出一名学生举班牌，提前进行单独训练。

（2）运动员入场时，各班学生排成一列纵队，穿校服、戴红领巾，踏着整齐的步伐，展示学生良好的精神面貌。

（3）按要求站好入场队列，参加运动会开幕式，大声齐喊口号，做到不乱动、不喧哗。

（4）开幕式结束后，在班级指定区域就座，不乱跑，观看比赛。

（5）自己班级同学参赛，学生要在原位为他们加油，不要跑入赛场，以防与赛场内运动员发生碰撞，出现安全事故。

（6）自己参加项目，要听清比赛规则，勇夺第一，体现"勇敢尝试、争取胜利"的特奥体育精神，展示个人能力。

（7）闭幕式发奖时，学生要有序上台领奖，避免拥挤推搡。

4. 文艺演出

文艺演出是学校艺术教育的一部分，也是一年级学生展示自我的平台。智障学生的行为控制能力较弱，参加文艺演出时往往会出现大声喊叫、随意乱跑等现象。为了规范学生的行为，必须对他们进行演出时的行为训练，使他们养成良好的观演和参演习惯。文艺演出的具体要求：

（1）学生穿校服，排队前往会场。

（2）上下楼梯注意安全，不拥挤，靠右行。

（3）到会场后，按照划分区域有序坐好，保持会场的安静，不能大声喧哗或在会场乱跑。

（4）观看节目时，一个节目结束后要鼓掌喝彩。

（5）表演节目时，要在教师的安排和指挥下有序上下台，表演结束后要向观众鞠躬致谢。

5. 实践活动

实践活动是智障学生教育的重要活动之一。通过开展外出就餐、银行取款、超市购物、社区劳动等丰富多彩的实践活动，学生在教师的带领下走出学校、走进社区，学习基本的生活技能和文明礼仪，不但锻炼了他们的生活自理能力，还培养了他们的文明行为举止，为他们今后的工作和生活打下基础。实践活动的具体要求：

（1）着装：外出实践时要穿轻便的衣裤和鞋子。

（2）准备：准备好实践活动所需的相关物品，如购物袋、乘车卡、水杯等。

（3）出发：前往实践地点时，要听从指挥，排好队有序地行走或乘车。

（4）实践：到达实践地点后，在教师的组织与安排下开展实践活动，不得擅自离开实践区域。

（5）文明礼仪教育：外出实践时，教师要引导学生遵守社会公德，遵守秩序，不在公共场所大喊大叫，不在公共汽车上随意走动，不随地扔垃圾、不随地吐痰。做到爱护公共设施和花草树木，行为举止要文明。

三、行为礼仪教育

智障学生的日常行为礼仪表现与健全学生存在较大的差异。对智障学生，特别是刚入校的新生，进行专门的礼仪教育与训练，可以增强他人及社会的认可与接纳。

（一）礼貌篇

小学生，懂礼貌。

见老师，问声好，

见同学，说声早，

告别时，说再见，

谢谢您，不客气，

对不起，没关系，

礼貌用语挂嘴边，

大家喜欢人人夸。

请你说一说。

见到教师要说："老师好"！

见到同学要说："你好"！

温馨提示

教师可先在模拟情景中对学生进行礼貌教育，然后再通过真实环境进行教育训练，使学生逐步学会使用礼貌用语。

（二）排队篇

一二三，来来来，

大家快来把队排，

找准位置站站好，

立正挺胸向前看，

对准伙伴后脑勺，

不乱歪头不走动，

整整齐齐排好队。

温馨提示

1. 训练学生排队时，教师可在教室地面上贴上数字标识，引导学生按标识排队。

2. 可以通过点数游戏进行排队训练，如教师数1、2、3、4、5……学生听数字排队。

3. 通过学生报数比赛进行排队训练，如学生数1站第一，数2站第二，以此类推。

（三）坐立行走

智障学生因为智障缺陷导致他们身体动作不协调，通过进行坐立行走的训练，能够使他们逐步学会正确的坐立行走姿势，有利于身体的生长发育。这就要求学生做到：

坐时，抬头挺胸，眼平视，两膝并拢坐端正；

立时，头正身直手放下，两脚并拢像棵松；

走时，教室里轻轻走，走廊上慢慢走；

转弯口减速走，上下楼梯靠右走。

（四）读写姿势

智障学生由于智力缺陷导致他们的读写姿势不正确，如果不进行训练，容易使他们在学习中养成不良的读写习惯。因此，对刚入学的一年级学生进行读写姿势的训练与引导是礼仪教育的内容之一。

1. 读书姿势

读书时书放平，脚并拢头方正；

身子正腰背直，眼离书一尺远；

小手指伸出来，小眼睛盯得紧；

读到哪指到哪，大声读咬字清。

温馨提示

训练智障学生读书姿势时，要注意以下几点：

1. 教师要加强指令引导，并适时给予强化物进行奖励。

2. 读书时，教师要进行领读，不可让学生自由读。

2. 写字姿势

> 写字时要做到，
>
> 手离笔尖一寸，
>
> 身离桌子一拳，
>
> 眼离本子一尺。

🦯 温馨提示

训练智障学生写字姿势时，要注意以下几点：

1. 进行握笔动作指导与练习。

2. 通过指令提示进行训练，并适时给予强化物进行奖励。

3. 根据学生手部精细能力分层要求，能力达不到学生可暂不进行书写训练。

四、安全常规教育

安全教育对智障学生的成长来说是最重要的。智障学生由于智力上的缺陷，导致他们对周围一些危险的物品和环境缺乏感知，不知道如何保护自己。因此，教师要积极培养智障学生自我保护的意识和能力，在日常养成教育中加以引导和教育，使智障学生逐步积累一些安全常识，学习保护自己。

（一）学校安全篇

智障学生在学校内往往缺乏安全意识，不知道哪些地方或行为是有危险的，这样就容易使他们受到伤害。因此，教师要告知学生可能发生危险的地方或事件，让学生在学校里安全地生活学习。

> 校园安全得注意，上楼下楼有秩序；
>
> 教室走廊要小心，地面打滑易跌倒。
>
> 楼道安全最重要，靠右行走不要跑；
>
> 遇上拥挤停三分，主动谦让道畅通。
>
> 教室内，不打闹，尖锐硬物不乱抛；
>
> 上下楼，别拥挤，先下后上守秩序。
>
> 进出厕所守规则，看清标记不滑倒；
>
> 接打热水要注意，排队礼让不争抢。
>
> 体育活动兴趣高，危险地带不触碰；
>
> 遵守规则不乱跑，安全锻炼身体好。
>
> 中午就餐时间到，排队打饭不拥挤；
>
> 嘴里有饭不说笑，追逐打闹更不要。
>
> 走入宿舍静悄悄，上床躺好不逗闹；
>
> 盖好被子不蒙脸，呼吸畅通睡得香。
>
> 病事假、不到校，及时要把假条交；

放学后，莫着急，爸妈来接才能走。

🔲 温馨提示

校园安全教育应渗透在一日常规教育中，不能单独进行。

（二）交通安全篇

在放学回家途中，智障学生因缺乏交通安全常识容易发生交通安全事故。因此，教师要教育学生了解基本的交通安全常识，遵守交通规则，培养自我保护意识。

> 回家路上要小心，交通安全记心间；
>
> 大街车辆行人多，步行应走人行道；
>
> 没有行道往右靠，不可玩耍乱跑跳。
>
> 横过马路要注意，斑马道上看仔细；
>
> 红灯停，绿灯行，黄灯亮了要稍等；
>
> 乘坐公交守秩序，手头不能出车窗；
>
> 随意奔跑不能有，扶紧把手切莫忘。

🔲 温馨提示

交通安全教育应通过校外实践活动进行，通过"文明过马路""文明乘车"等体验活动，增强学生的安全意识，促进良好行为习惯的养成。

社会实践活动案例：

一、活动主题：认识交通标志

二、活动原则

1.全面性原则：学生全员参与，全面发展。

2.安全性原则：建立完善的安全体系，确保活动的安全性。

3.因地制宜原则：根据学校的实际情况开展活动，追求活动的实效性。

三、活动目标

1.带领学生走出校园，熟悉学校周边的交通环境。

2.指导认识常见的交通标志，说出其名称。

3.指导学生了解各种交通标志所代表的指示意义。

4.倡导学生安全出行，提高交通安全警惕意识。

四、具体活动

1. 活动准备

（1）提前与学生家长做好沟通工作，明确路线。

（2）对学生进行交通安全教育，引导学生认识简单的交通标志，明确本次实践活动的目的和意义。

2. 活动内容

（1）学生在教室集合，清点人数，明确本次活动的目的和意义，并做好安全工作指导。

（2）整队出发，从学校步行到达马路口。

（3）学生在教师指导下，认识红绿灯，辨别不同颜色，知道它们分别指示的意义，并认识斑马线，在绿灯时带领学生及家长过马路。

（4）学生在家长带领下进行分组活动。

A组：在家长带领下，观察路边的交通标志，能认识并说出各种交通标志的名称，知道不同标志的作用，能自觉遵守交通安全。

B组：在家长帮助下，找到路边的各种交通标志，了解它们的名称，知道各种标志的作用，能自觉遵守交通安全。

C组：在家长辅助下，初步认识路边的各种交通标志，了解其名称和作用。

五、注意事项

出行前进行安全教育。班主任必须对学生进行"安全第一"的思想教育以及进行一些简单的安全知识的传授。

出发前，集合清点人数。

在马路上，要严格遵守交通规则，注意交通安全。

每名学生有家长陪护。

养成自觉排队遵守秩序的好习惯。

活动结束，将学生安全交到家长手中。

智障学生的入学养成教育需要"小步子、多循环"渐进式地进行，也许一至三年就可以见成效，也许需要九年的渐进式训练才能使他们逐步地适应学校的学习生活，养成基本的行为习惯。可见，入学教育是培智学校一项长期的教育任务。结合智障儿童的身心特点，入学教育包括入学心理教育、一日常规教育、文明礼仪教育、安全教育等四个方面的适应教育。在教育训练中，要结合学生的能力状况制定IEP计划，分层分组对学生进行训练，对特殊学生还要结合实际进行一对一的专门训练。通过训练，可以帮助智障学生逐步适应学校生活、社会生活，为今后独立生活打好基础。

附 录

感觉统合发展性筛查检核表（视障）

项目内容	月　日	月　日
	完成情况	完成情况
在学校的表现		
1. 阅读文字或盲文时，出现漏字的情况*		
2. 阅读文字或盲文时，颠倒字母或者单词的顺序		
3. 不分左右*		
4. 很难记住刚刚读过的东西		
5. 很容易分心*		
6. 如果打破常规日常活动，将会变得混乱*		
7. 很难集中注意力或者记不住方向*		
8. 总结归纳能力差*		
触觉		
1. 不喜欢被触摸，表现为不舒服或者疼痛的反应		
2. 不喜欢触摸新的或不同质地的物体*		
3. 不喜欢被洗头和梳头发		
4. 不喜欢被洗脸		
5. 不喜欢吃某种质地的食物*		
6. 不喜欢光脚走路		
7. 避免用手		
8. 不喜欢被剪指甲和清洗指甲		
9. 不喜欢美工材料，如手指绘画、玩沙子等		
10. 不喜欢被轻轻抚触，但能耐受深压		
11. 渴望被触摸和粗暴的游戏		
12. 喜欢用手触摸，但不喜欢被别人触摸		
13. 比较喜欢特定的材质或布料的衣服		

项目内容	月　　日	月　　日
	完成情况	完成情况
14. 比较喜欢穿长袖衣服		
15. 不喜欢淋浴		
16. 喜欢单独行动		
17. 不喜欢处在拥挤的地方		
18. 站在队伍中有困难		
19. 对突然被别人触摸时，反应过激*		
20. 因为不舒服而失眠		
21. 伤害自己或者其他人		
22. 伤害性的敲击头部		
23. 用脚尖走路*		
24. 受伤好像没有反应，直到告诉他才有反应		
25. 触碰后，一直抓、挠碰过的地方*		
26. 触觉辨别物体时需要花很长时间*		
前庭觉		
1. 喜欢旋转、扭动、蹦跳、摇晃等，并把其作为一种自我刺激形式*		
2. 渴望摇摆*		
3. 不停地跳跃		
4. 很容易失去平衡		
5. 不喜欢旋转的游戏，如游乐场里面的骑乘或者秋千等*		
本体觉		
1. 比较喜欢暴力的游戏		
2. 比较喜欢深压的游戏		
3. 渴望跳跃或者弹跳		
4. 跺脚		
5. 很难分辨关节的屈伸（屏蔽视觉信息）		
重力不安全感		
1. 做必须要双脚离地的活动时，变得焦虑或者努力使双脚放在平面*		
2. 下落或失重时，异常害怕*		

续 表

项目内容	月　　日	月　　日
	完成情况	完成情况
3. 不喜欢头朝下的游戏（空翻）*		
4. 避免从高处往下跳*		
5. 走路时缓慢并且生硬*		
6. 拖着脚走路*		
7. 不喜欢在不平整的表面走路*		
肌张力		
1. 不良的坐姿或站姿*		
2. 看起来比其他人更弱*		
3. 容易累*		
4. 表面看起来要僵硬		
5. 活动中，嘴巴一直张开*		
6. 扁平足*		
两侧协调		
1. 避免使用一侧肢体或者没有意识到另一侧肢体		
2. 同时使用双手有困难		
3. 不同的活动，改变不同的优势手*		
4. 对打节拍或者转换运动模式有困难*		
5. 没有明显的优势手*		
6. 避免胳膊跨过身体中线		
运动计划		
1. 不知道如何移动身体才能完成一个运动任务*		
2. 倾向于总是用一种方式完成一项运动任务，而不会尝试用不同的方法完成任务*		
粗大运动协调		
1. 容易发生事故		
2. 看起来很笨拙		
3. 常常摔倒、绊倒或者撞到物体		
4. 不喜欢尝试新的运动		
5. 很难学会新的运动		

项目内容	月 日	月 日
	完成情况	完成情况
6. 不喜欢参加运动，甚至是简单的运动（走、跑）*		
7. 跌落时很难保护自己		
8. 穿衣服困难		
9. 容易疲劳		
10. 不喜欢双脚蹦、跳跃、跳绳*		
11. 缓慢、单调的方式走路*		
12. 走路是宽底步态*		
精细运动协调		
1. 抓握力很弱*		
2. 抓物体很紧		
3. 很难操作小东西		
4. 学习时，手的运动很笨拙		
5. 用铅笔的时候有困难*		
6. 用剪刀的时候有困难*		
7. 用手的时候，嘴巴也用力*		
8. 穿衣服时，扣扣子很困难*		
视觉		
1. 眼睛有疾病*		
2. 眼睛追踪有困难*		
3. 对光线很敏感		
4. 对各种视觉刺激，反应强烈*		
5. 很难保持用眼睛盯住物体或者完成任务*		
6. 同时使用双眼有困难		
7. 当视力被遮住时，会抗拒		
嗅觉		
1. 不喜欢某种气味		
2. 利用嗅觉探寻新事物		
3. 渴望某种气味		

续　表

项目内容	月　　　日	月　　　日
	完成情况	完成情况
4. 很难分辨出不同的气味		
5. 忽略一些难闻的或者刺激性的气味		
味觉		
1. 把物体放进嘴里进行认识*		
2. 渴望某种食物		
3. 不喜欢某种味道或者质地的食物		
听觉		
1. 听力疾病		
2. 不喜欢大的声音*		
3. 需要对其不停重复地解释，而不是倾听或者注意别人的说话		
4. 被声音吸引，容易分心		
5. 辨别不出声音的方向*		
6. 说话声音很大或者很小		
7. 喜欢制造大的噪音		
8. 对话时，会漏听几个字词		
9. 对预料不到的声音反应很害怕*		
10. 对一种普通的声音都很害怕		
11. 会因为环境中的背景噪音分心，如冰箱、日光灯、电风扇、取暖器等*		
12. 语言发育迟缓		

注：带*号的项目，视障学生经常出现。

行为习惯养成教育系统流程表

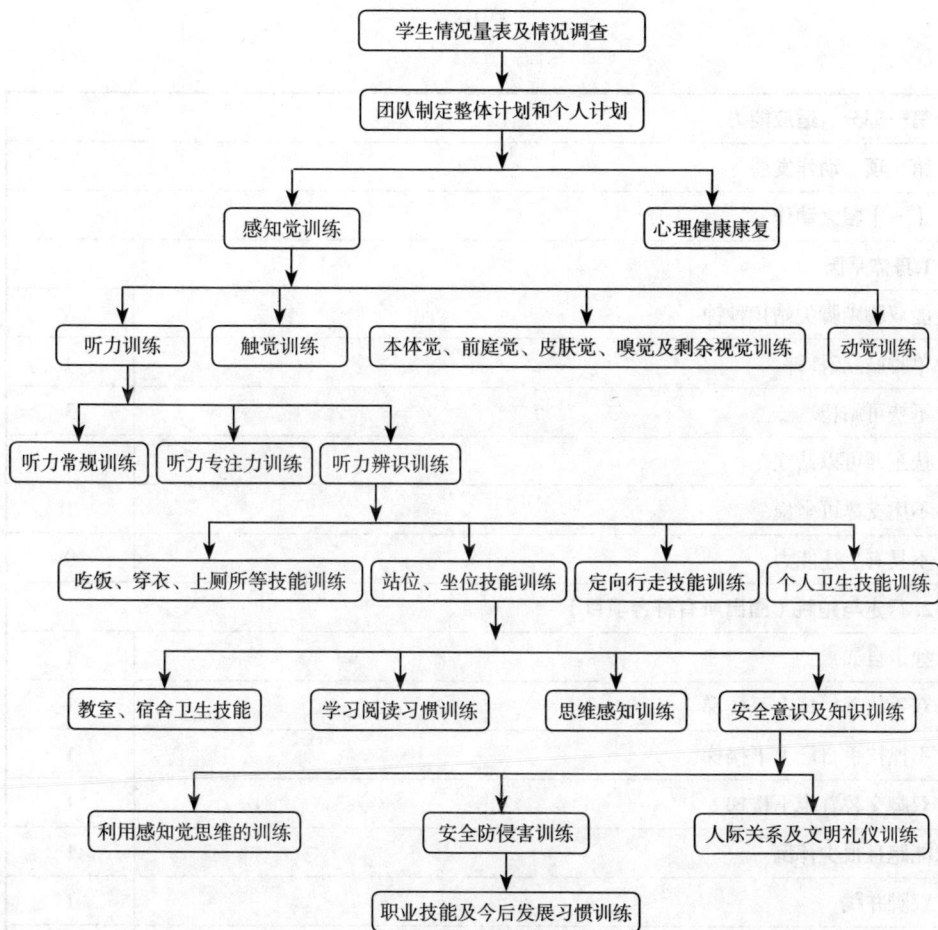

```
┌─────────────────────────┐
│   学生情况量表及情况调查    │
└─────────────────────────┘
            │
            ▼
┌─────────────────────────┐
│  团队制定整体计划和个人计划  │
└─────────────────────────┘
            │
     ┌──────┴──────────────────────┐
     ▼                             ▼
┌──────────┐                ┌──────────────┐
│ 感知觉训练 │                │  心理健康康复  │
└──────────┘                └──────────────┘
```

| 听力训练 | 触觉训练 | 本体觉、前庭觉、皮肤觉、嗅觉及剩余视觉训练 | 动觉训练 |

| 听力常规训练 | 听力专注力训练 | 听力辨识训练 |

| 吃饭、穿衣、上厕所等技能训练 | 站位、坐位技能训练 | 定向行走技能训练 | 个人卫生技能训练 |

| 教室、宿舍卫生技能 | 学习阅读习惯训练 | 思维感知训练 | 安全意识及知识训练 |

| 利用感知觉思维的训练 | 安全防侵害训练 | 人际关系及文明礼仪训练 |

| 职业技能及今后发展习惯训练 |

儿童社会适应行为能力量表（城市版）

韦小满

第一部分　适应能力	
第一项　动作发展	
（一）粗大动作	
1.身体平衡	
能双脚踮脚尖站10秒钟	5
单脚站立2秒钟	4
不扶可站稳	3
扶东西可以站立	2
不用支撑可坐稳	1
不具有上述能力	0
2. 行走与跑跳（圈出所有符合项目）	
独走自如	1
双手扶着栏杆上下楼梯	1
不抓扶手自己上下楼梯	1
双脚交替着走下楼梯	1
能跑且很少摔倒	1
双脚并跳	1
不具有以上能力	0
3. 手臂的控制能力（圈出所有符合项目）	
能抓住跳动的篮球或排球	1
收举过肩把球扔出去	1
一只手端起杯子	1
不具有以上能力	1

（二）精细动作	
4. 手的控制能力（圈出所有符合项目）	
用拇指和食指拿起小物品（如花生米、扣子）	1
打开和盖上螺口的瓶盖	1
用方积木块搭五层高	1
模仿画正方形	1
用剪子剪圆形	1
用钥匙打开明锁	1
不具有以上能力	1
第二项　语言发展	
（一）语言理解	
5. 理解语音（只选择一项）	
听课时注意力一般可以保持15分钟以上	5
听故事时注意力一般保持15分钟以上	4
理解简单的指令（如把……拿过来、坐下等）	3
能正确地指出五官在哪里	2
喊他（她）的名字的时候，能知道是叫自己	1
喊他（她）的名字时，不知道是叫自己	0
6. 理解复杂的指令（圈出所有符合项目）	
理解含有介词的指令（如：在……之上、在……后面）	1
理解含有先后顺序的指令（如：首先……，然后……）	1
连接包含某些条件、要求的指令（如果……就……、如果不……就……）	1
不具有上述的能力	0
7. 阅读（只选择一项）	
能基本读懂成人报纸、一般小说和杂志	5
能读懂用词及情节不复杂的小说或文章（普小四、五年级水平）	4
能读懂简单的小故事或者连环画上的文字说明（普小一、二年级水平）	3
能看懂五种以上的指示牌（如汽车站的站牌、男厕所、女厕所、危险、禁止入内）	2

认识十几个字（数字除外）	1
认识不足十个字或者一个字都不认识	0

（二）语言表达

8. 发音清晰（圈出所有符合项目）

说话慌张，越讲越急促	1
说话结巴，不该停顿的时候有停顿	1
说话声音很低很弱，耳语般的很难听见	1
说话很慢，很吃力	1
语音清晰，流畅	1
不会发音说话	0

9. 词的使用

能够较为准确地使用词语描述身边的事物	4
描述事情时能够说出主要的人或物的名称	3
能说出10个熟悉物体的名称	2
能说两三个简单的词（如爸爸、妈妈）	1
几乎无词语	0

10. 句子的使用（只选择一项）

有时候能使用含有连词的复合句（因为……所以……）	4
能用疑问句提问题（如为什么、怎么样）	3
只会用简单的陈述句讲话	2
说话不成句或只会用非语言方式表达	1
不具有上述能力	0

11. 书写（只圈一项）

能写条理较清楚，用词比较得当的书信或小文章	5
会写留言条、记事本或借条等	4
能写出几十个不同的字	3
能写出十几个不同的字	2
会写自己的名字	1
不会书写	0

（三）综合语言能力	
12. 表达（圈出所有符合项目）	
能准确说出自己的性别	1
能准确说出自己的出生日期（包括年月日）	1
能准确说出自己的通信地址（包括住址、邮编和电话）	1
不具备上述能力	0
13. 交谈（只圈一项）	
能和别人讨论某个长远计划及实施办法	4
能和别人讨论家中或学校里的某些事情	3
会使用您好、请、谢谢等礼貌用语	2
和别人说话时，能简单应答	1
不具有上述能力	0
第三项　生活自理能力	
（一）饮食	
14. 使用餐具（只选一项）	
熟练地使用筷子夹碟子里的菜	5
熟练地使用筷子吃自己碗里的饭菜	4
能用筷子吃自己碗里的饭菜，但有些溢撒	3
熟练地用勺子吃碗里的饭菜	2
能用勺子吃碗里的饭菜，但有些溢撒	1
用手抓饭进食或靠别人喂	0
15. 获取食物（只圈一项）	
会做简单的饭菜（炒鸡蛋、煮米饭）	4
会去餐厅、超市或饮食店等购买食物	3
无需他人指点，能在家里找到食物	2
饥饿时，会向别人要东西吃	1
不会用语言表达饥饿来获取食物	0
16. 喝水或饮料（只圈一项）	
能将暖壶里的水倒入杯中	4

一只手拿杯喝水或饮料不洒落	3
双手拿杯喝水或饮料不洒落	2
双手拿杯喝水或饮料有些洒落	1
没有他人帮忙，不能用杯喝水或饮料	0
（二）大小便	
17. 大小便训练（圈出所有符合项目）	
需要大小便时能自己上厕所（地点恰当）	1
便前自己能解开裤子	1
便后正确使用手纸	1
便后自己提好裤子	1
无上述能力	0
18. 大小便自理（只圈一项）	
白天和晚上独自上厕所从不出问题（如弄脏衣服、摔倒、排便地点不当等）	4
白天独自上厕所从不出问题	3
白天独自上厕所偶有问题出现	2
白天独自上厕所经常出现问题	1
不会自己上厕所	0
（三）穿衣服	
19. 穿、脱衣服（只圈一项）	
完全会自己穿衣服（包括雨衣等）	5
在语言提示下，完全会自己穿衣服	4
在语言提示下，会穿、脱所有的衣服，但拉链、钮扣和按扣需要他人帮助	3
在他人协助下会穿、脱大部分衣服	2
当别人给穿衣服时，会伸胳膊或伸腿以配合	1
完全依赖别人	0
20. 穿鞋（圈出所有符合项目）	
穿鞋子时，不会把左右穿错	1
会自己系鞋带	1
会自己解鞋带	1

续 表

会自己穿上无鞋带的鞋（拖鞋除外）	1
会自己脱下无鞋带的鞋（拖鞋除外）	1
不具有上述能力	0
21. 穿着打扮（圈出所有符合项目）	
无他人帮助，就不会找合体的衣服穿	1
若无他人提醒，常常会把衣服的反面当正面穿或扣子扣错	1
若无他人提醒，衣服有明显的破洞仍穿在身上	1
若无他人提醒，衣服脏了也不会换下来	1
不能根据当天的活动（如上课、郊游、运动、劳动等）选择穿合适的鞋	1
不能根据不同场合（正式与非正式、在家、出门做客或户外运动等）选择穿合适的衣服	1
不能根据天气变化的情况（天热或天冷、天晴或下雨）穿戴不同的衣物（如增减衣服、戴草帽、穿雨衣等）	1
事事依赖别人	0
（四）个人卫生	
22. 洗手洗脸（圈出所有符合项目）	
能自己准备洗脸或洗手水	1
能用肥皂洗手	1
能用清水洗手洗脸	1
会拧干毛巾	1
会用毛巾擦干手和脸	1
不具有上述能力	0
23. 洗澡（只圈一项）	
自己准备洗澡水、洗澡用具及换洗衣服并完成洗澡	5
可自己擦洗整个身体，但洗澡水等需要别人准备	4
在提示下，可较好地擦洗整个身体	3
在帮助下，可自己擦洗部分身体	2
洗澡时，能试着自己打肥皂	1
完全依靠别人擦洗身体	0

24. 卫生习惯（圈出所有符合项目）	
能每天自己洗头、洗脸或刷牙	1
头发脏了，会自己主动去洗	1
手、脚或身上脏了，自己会主动去洗	1
指甲长了，自己会剪	1
定期主动更换内衣内裤	1
懂得用手纸或手帕擦鼻涕	1
完全依赖别人	0
（五）睡眠	
25. 睡眠习惯（圈出所有符合项目）	
困倦时，主动上床睡觉	1
会自觉脱衣服睡觉	1
根据天气冷暖情况选择适当的被褥	1
不尿床	1
起床后会主动穿上外衣	1
不具有上述能力	0
（六）外出	
26. 方位感（只圈一项）	
走出距离家或学校方圆几里路的地方不迷路	3
在学校附近走动不迷路	2
能独自在家或教室附近活动	1
一走出家或教室就迷路	0
27. 交通（圈出所有符合项目）	
能根据十字路口的交通信号过马路	1
在没有交通信号的地方，过马路能留意来往的车辆	1
（七）综合自理能力	
28. 其他自理能力（圈出所有符合项目）	
衣服湿了，会自己换下来	1
躲开传染病患者	1

躲开危险物（如利器、火炉、电源插座等）	1
能自己去医院或卫生所看病	1
会购买邮票邮寄信件	1
会接电话	1
会打电话	1
不具有上述能力	0
第四项　居家与工作能力	
（一）家务劳动	
29. 做饭做菜（只圈一项）	
能做几个家常菜	3
能做一些简单的饭菜（如炒鸡蛋、煮饭或煮面条等）	2
会加热已经做好的饭菜	1
不具有上述能力	0
30. 收拾衣物（圈出所有符合项目）	
能按照吩咐自己洗袜子、手帕等	1
能把换下的衣服洗干净	1
鞋脏的时候能主动擦洗鞋子	1
主动把干净的衣服叠放整齐	1
不具有上述能力	0
31. 收拾房间（圈出所有符合项目）	
能按吩咐把玩具或学习用具收拾整齐	1
每天主动把玩具或学习用具收拾整齐	1
能按吩咐用抹布擦家具并擦干净	1
能按吩咐铺床叠被	1
每天主动铺床叠被	1
会倒垃圾	1
不具有上述能力	0
32. 其他家务（圈出所有符合项目）	
就餐前，能够按吩咐准备碗筷	1

用餐后,能够按吩咐收拾碗筷	1
能洗碗筷,并洗干净	1
能洗玻璃杯,并洗干净	1
不具有上述能力	0
(二)数与计算	
33. 数与计算(只圈一项)	
能做两位数的加法	5
能点数10个以上的物品(手指点到的与数到的一致)	4
机械地由1数到10	3
能点数几个物品	2
能区别多与少	1
完全没有多与少的概念	0
(三)钱的理解与使用	
34. 理解(只圈一项)	
能单独上街购物,正确地找零钱(一元以上)	4
能单独上街购物,正确地找零钱(一元以内)	3
能说出常用硬币、纸币的面值	2
懂得钱的作用,但不理解面值	1
不懂得钱的作用	0
35. 预算(圈出所有符合选项)	
能为一个特别的目的攒钱	1
为每月的开销(伙食费、车费、书费等)做预算	1
为每天的花销(早餐费、饮料费等)做预算	1
有计划地花钱	1
控制自己的大项开支	1
不具有上述能力	0
36. 替别人购物(只圈一项)	
能到几家商店购买几种不同的物品	4
能到一家商店购买一种物品	3

不用仔细交代，会简单购买	2
需仔细交代，才会简单购买	1
不能出去买东西	0
37. 为自己购物（只圈一项）	
能给自己买衣服	5
能给自己买衣服和附件（扣子、手套等）	4
会独自买简单的东西（糖果、饮料等）	3
稍加关照能买西	2
在严密监督下，能够买东西	1
不能购物	0
（四）时间概念与利用	
38. 理解钟点（圈出所有符合项目）	
能看钟表说出几点（误差不超过10分钟）	1
理解时间间隔（如9点半至10点半）	1
懂得同一时间的不同表达方法（如9：15可表示为九点一刻）	1
正确地指出上午、下午	1
能把钟点与各种活动或实践联系起来	1
不具有上述能力	0
39. 理解日期（圈出所有符合项目）	
能说出现在是什么季节（春、夏、秋、冬）	1
能说出一个星期有几天	1
能说出一个月有几天	1
能说出一年有几个月	1
能说出今天是星期几	1
能说出今年是哪一年	1
能说出今天是几月几号	1
能把日期和各种活动或事件联系起来	1
不具有上述能力	0

续 表

（五）就业前工作表现	
40. 工作技能（只圈一项）	
能胜任需使用机器的工作（如缝纫、车间的工作等）	3
能使用工具（如锤子、螺丝刀等）进行简单的修理	2
能胜任简单的工作（如简单的园丁工作、擦地板、倒垃圾等）	1
任何工作都做不了	0
41. 上学或工作习惯（圈出所有符合项目）	
经常未经允许，就离开自己的座位或岗位	1
若没有持续的鼓励，就不能完成任务	1
干活拖拉	1
经常故意迟到、早退、旷课	1
没有上述问题	0
第五项　自我管理	
42. 主动性（只圈一项）	
主动、有计划地做自己的大部分事情（如学习、玩耍、劳动等）	3
关心周围发生的事情，主动问别人是否是有事情要做	2
只有别人委派做某件事情（如扫地、收拾玩具）时，他才会去做	1
不做指派的事情	0
43. 坚持性（圈出所有符合项目）	
很容易就变得灰心丧气	1
一件事情未做完，很快又转做另一件事	1
需要持续鼓励，才能把事情做完	1
没有上述问题	1
44. 自制力（圈出所有符合项目）	
想买或想要的东西，通过说服可以不买或不要	1
到时间自己主动用餐、学习、睡觉	1
到别人家做客很听话（如不撒娇磨人、不乱翻乱动）	1
当爸爸妈妈说星期天或节日时带他（她）去玩或送他（她）礼物时，能够等待	1
饮食适度，对食欲有适当的控制力	1

不喝生水，不吃脏东西	1
在人多的地方（如商店里）不喊叫或哭闹	1
一次得到很多零花钱（如压岁钱）不乱花	1
不具有上述能力	0
45. 保管个人财物（只圈一项）	
极其可靠，总能照看好个人的财物	3
相当可靠，通常能够照看好个人的财物	2
不可靠，很少照看好个人的财物	1
完全无责任心，不能照看好个人的财物	0
46. 一般责任心（只圈一项）	
做事极其认真负责，吩咐的事总能完成	3
做事比较认真负责，吩咐的事一般会努力完成	2
做事不太认真负责，不能保证吩咐的事一定会去做	1
毫无责任心，一点也不负责任	0
47. 业余时间安排（只圈一项）	
业余时间的活动安排相当充实（如和朋友外出参观游览，自己上夜校或各种特长班）	3
有业余爱好（如绘画、集邮、下棋等）	2
业余时间的活动安排比较简单（如看电视、听收音机等）	1
不具有上述能力	0
第六项　社会化	
48. 认识和了解别人（圈出所有符合项目）	
见到熟悉的人会表示亲近	1
知道家长的姓名、年龄和职业	1
除家里人外，还了解其他人的情况（如职业、住址及和自己的关系等）	1
会用名字和同学或邻居打招呼（三人以上）	1
能说出人的外貌特征（如高矮胖瘦、头发长短等）	1
能偶尔说出见过面的人的名字	1
不具有上述能力	0

续 表

49. 关心别人（圈出所有符合项目）	
对别人的事情表现出兴趣	1
为别人照看好财物	1
需要时给予指点或处理别人的事情	1
体谅别人的难处	1
关心别人的喜怒哀乐	1
无上述表现	0
50. 帮助别人（只圈一项）	
主动给别人提供帮助	2
有求于他时，愿帮助别人	1
从不帮助别人	0
51. 与他人交往（只圈一项）	
在玩耍或集体活动中，主动帮助别人	3
能与别人有短时间的交往（如展示自己的玩具、衣物或者提供某物品）	2
对别人的交往要求能被动响应	1
对别人的交往要求无响应	0
52. 参加集体活动（只圈一项）	
组织开展集体活动（作为发起人和组织者）	3
积极自觉地参加集体活动（主动参与）	2
若受到鼓励，会参加集体活动（被动参与）	1
极少参加集体活动	0
53. 合作与分享（圈出所有符合项目）	
与别人共用或共玩的东西不独占	1
能把自己的东西借给别人	1
能按大人的指示排队等候，会玩规则复杂的游戏	1
遵守游戏或比赛规则，输了不发脾气	1
无上述表现	0

续　表

第二部分　适应不良的行为		
第七项　攻击行为		
54. 威胁或实施武力	偶尔	经常
用语言威胁人	1	2
用表情、手势吓唬人	1	2
用脏话骂人	1	2
向别人吐吐沫	1	2
推、抓或捏别人	1	2
揪别人的头发或耳朵	1	2
咬人	1	2
踢、打或猛拍别人	1	2
向别人投掷东西	1	2
卡别人的脖子	1	2
拿东西打人	1	2
伤害小动物	1	2
没有上述问题	0	0
55. 毁坏别人的财物	偶尔	经常
撕扯或咬别人的衣物	1	2
弄脏别人的衣物或其他物品	1	2
56. 撕毁别人的东西	偶尔	经常
撕毁别人的物品	1	2
没有上述问题	0	0
第八项　反社会行为		
57. 干扰别人的生活	偶尔	经常
喜欢给人找麻烦	1	2
干扰别人的活动，搅乱别人正在做的事情	1	2
搅乱别人正在使用的物品	1	2
从别人手中抢夺物品	1	2
没有上述问题	0	0

其他（特别的问题）	1	2
58. 不考虑他人	**偶尔**	**经常**
在公共场合随意改变室温，让人觉得不舒服（如冬天开电扇，夏天关窗户等）	1	2
电视、收音机音量开得过大	1	2
当别人正在看书或休息时，声音过大	1	2
说话声音过大	1	2
伸开四肢，占用别人的地方	1	2
没有上述问题	0	0
其他（特别的问题）	1	2
59. 对别人的财物不尊重	**偶尔**	**经常**
借别人的东西不归还	1	2
未经允许使用别人的财物	1	2
丢别人的东西	1	2
损坏别人的物品	1	2
随便拿别人的东西	1	2
没有上述问题	0	0
其他（特别的问题）	1	2
第九项　对抗行为		
60. 不遵守规章制度	**偶尔**	**经常**
对规章制度不满，但还能遵守	1	2
买东西时不排队	1	2
不遵守交通规则（如闯红灯，不走人行横道）	1	2
在不许吃东西的场合（如上课）吃东西	1	2
拒绝参加必须参加的活动（如课间操，开会等）	1	2
没有上述问题	0	0
其他（特别的问题）	1	2
61. 不听从指令	**偶尔**	**经常**
一听到指令就心烦	1	2

续　表

	偶尔	经常
装聋，不听从指令	1	2
不留意指令	1	2
拒绝做已安排的事情	1	2
拖了很长时间才去做分派的事情	1	2
做与要求相反的事	1	2
没有上述问题	0	0
其他（特别的问题）	1	2
62. 不守时或缺席	**偶尔**	**经常**
在指定的地点参加活动迟到	1	2
借故上厕所或外出，离开后不返回	1	2
未经允许，离开教室或某项活动	1	2
不参加日常的活动（如上课，课间操等）	1	2
未经允许，离开校园	1	2
没有上述问题	0	0
其他（特别的问题）	1	2
63. 在集体活动中表现不佳	**偶尔**	**经常**
谈论无关的话题，从而打断了集体讨论	1	2
不遵守游戏规则，从而影响了游戏或比赛	1	2
调皮捣蛋，干扰集体活动	1	2
上课开会时，不坐在座位上	1	2
没有上述问题	0	0
其他（特别的问题）	1	2
第十项　不可信赖的行为		
64. 欺骗或偷东西	**偶尔**	**经常**
说谎为自己开脱	1	2
在游戏、作业或考试中作弊	1	2
编造假情况	1	2
骗人	1	2
偷拿别人桌上的东西	1	2

续　表

偷拿别人抽屉、口袋或书包里的东西	1	2
没有上述问题	0	0
其他（特别的问题）	1	2

第十一项　退缩

65. 懒散	偶尔	经常
用一种姿势坐或站立很长时间	1	2
除了呆坐着看人，便无所事事	1	2
坐在椅子上，就睡着了	1	2
对任何事情似乎都不感兴趣	1	2
整天躺在床上或沙发上	1	2
没有上述问题	0	0
其他（特别的问题）	1	2

66. 退缩	偶尔	经常
对周围的事情似乎一无所知	1	2
难以接近或与之接触	1	2
情感冷淡无反应	1	2
目光呆滞	1	2
表情单一	1	2
没有上述问题	0	0
其他（特别的问题）	1	2

67. 羞怯	偶尔	经常
在团体活动中，不敢出头露面	1	2
与人交往时，胆小害羞	1	2
畏惧不熟悉的人	1	2
喜欢一个人活动	1	2
没有上述问题	0	0
其他（特别的问题）	1	2

第十二项　刻板与自伤行为		
68. 有刻板的行为	**偶尔**	**经常**
不停地敲击手指	1	2
用手背不停地敲击下颌	1	2
不停地叩脚	1	2
不停地转动盘子、轮子或圆环等	1	2
不停地拍打、抓挠或搓擦身体	1	2
不停地摇晃身体的某个部位	1	2
头摇过来、晃过去	1	2
没有上述问题	0	0
其他（特别的问题）	1	2
69. 有自伤行为	**偶尔**	**经常**
咬伤自己的手	1	2
咬伤自己的嘴唇	1	2
用力敲打自己的头或脸	1	2
用力撞墙或硬家具	1	2
没有上述问题	0	0
其他（特别的问题）	1	2
第十三项　不适当的人际交往方式		
70. 人际交往方式不适当	**偶尔**	**经常**
说话时，离对方的脸太近	1	2
对着别人的脸打哈欠	1	2
冲着别人打嗝	1	2
搂、抱别人，显得过于亲热	1	2
舔别人	1	2
不该碰别人的时候，触摸别人	1	2
紧挨着人	1	2
没有上述问题	0	0
其他（特别的问题）	1	2

续 表

第十四项　不良的说话习惯		
71. 有不良的说话习惯	偶尔	经常
歇斯底里地傻笑	1	2
冲着别人大声说话或喊叫	1	2
大声地自言自语	1	2
莫名其妙地笑	1	2
哼唱或发出令人不舒服的噪音	1	2
一遍又一遍地重复一个词或一句话	1	2
学别人说话	1	2
没有上述问题	0	0
其他（特别的问题）	1	2
第十五项　不良的口腔习惯		
72. 有不良的口腔习惯	偶尔	经常
流口水	1	2
咬指甲	1	2
吸吮、咬手指头或身体其他部位	1	2
咬衣服	1	2
吃不能使用的东西（如泥土）	1	2
什么东西都放在嘴里	1	2
没有上述问题	0	0
其他（特别的问题）	1	2
第十六项　古怪的行为		
73. 古怪的动作	偶尔	经常
踮着脚尖走路	1	2
头呈歪斜姿势	1	2
嘴巴张悬着	1	2
习惯性地挺着肚子	1	2
没有上述问题	0	0
其他（特别的问题）	1	2

74. 古怪的习惯和偏好	偶尔	经常
什么东西都拿来闻一闻	1	2
什么东西都塞进衣服、口袋或鞋子里	1	2
从自己的衣服上扯出线来	1	2
收藏和穿戴奇怪的物品（如瓶盖、大头针等）	1	2
无目的地收藏各种物品（包括食品）	1	2
喜欢坐或睡在某个固定的地方	1	2
喜欢坐在震动物体的旁边	1	2
害怕别人触摸	1	2
害怕上下楼梯	1	2
没有上述问题	0	0
其他（特别的问题）	1	2

第十七项　多动

75. 有多动的倾向	偶尔	经常
不停地变换活动	1	2
活动无明确的目的	1	2
不停地动来动去，坐立不安	1	2
坐不下来	1	2
没有上述问题	0	0
其他（特别的问题）	1	2

第十八项　情绪不稳定

76. 对待挫折反应不良	偶尔	经常
将自己的过错归于别人	1	2
遇到一点挫折，就后退不进	1	2
遇到一点挫折，就发脾气、不高兴	1	2
遇到一点挫折，就烦躁不安	1	2
没有上述问题	0	0
其他（特别的问题）	1	2

77. 发脾气	偶尔	经常
又哭又叫	1	2
一边摔东西或用力关门，一边跺脚	1	2
一边大喊大叫，一边在地上打滚	1	2
没有上述问题	0	0
其他（特别的问题）	1	2
78. 其他情绪不稳定的迹象	偶尔	经常
做噩梦	1	2
无正当理由哭喊	1	2
哭闹时呕吐	1	2
在日常生活中，表现出不安或害怕	1	2
似乎无法控制情绪	1	2
对一些并不可怕的人和事夸大其词	1	2
没有上述问题	0	0
其他（特别的问题）	1	2
第十九项 服用药物的情况		
79. 药物的使用	偶尔	经常
使用镇定剂	1	2
使用止痛药	1	2
使用抗痉挛剂	1	2
使用兴奋剂	1	2
没有上述问题	0	0
其他（特别的问题）	1	2

参考文献

［1］方俊明，雷江华.特殊儿童心理学［M］.北京：北京大学出版社，2015.

［2］荣小华.盲童与正常儿童触觉特点的比较试验研究［J］.辽宁师范大学报，1998（3）.

［3］李娟，刘永芳.盲童孤独感与父母教养方式、社会支持的研究［J］.中国心理卫生杂志，2001（6）：394-395.

［4］马红英，刘春玲.视觉障碍儿童口语能力的初步分析［J］.中国特殊教育，2002（2）：52-55.

［5］李祚山.视觉障碍儿童的人格与心理健康的特征及其关系研究［J］.中国特殊教育，2005.

［6］钟经华.视力残疾儿童教育学［M］.北京：华夏教育出版社，2006.

［7］李小娟.宁夏视力残疾儿童音乐教育现状调查研究［D］.银川：宁夏大学，2010.

［8］贺荟中，方俊明.视障儿童的认知特点及教育策略［J］.现代特殊教育，2003（2）.

［9］丁怡，肖非，杨凌燕.国外学校心理学的发展及其对我国特殊教育的启示［J］.中国特殊教育，2005（11）：59-63.

［10］王文娟.随班就读特殊儿童学校欺负行为之研究——基于随班就读特殊儿童个案研究［D］.重庆：重庆师范大学，2014.

［11］韦小满.儿童适应行为量表的编制与标准化.［J］.心理发展与教育，1996（12）.

［12］侯艳波.关于特殊教育学校行为养成教育的探索与思考［A］.中华教育理

与实践科研论文成果选编编纂委员会.中华教育理论与实践科研论文成果选编（第六卷）［C］.北京：北京燕山出版社，2013.

［13］陈友庆，郭本禹.聋儿的心理理论发展特点及影响因素［J］.心理科学进展，2006，14（3）：382-388.

［14］闫莉莎.模拟式教学法对学生适应能力培养的促进作用［J］.赤峰学院学报（自然科学版），2013（12）：144-145.

［15］袁晓春.幼儿良好行为习惯养成的教育方法及应注意的问题［J］.成功（教育），2013（3）：171-171.

［16］陈小雕.中重度智障新生行为习惯培养的实践探究［J］.中国校外教育，2017（4）：51-52.

［17］金莉，赵族.学会生活学会做人——智障生养成教育活动略谈［J］.基础教育参考，2017（5）：52-54.

［18］吕蕾蕾.如何在班级活动中加强智障学生养成行为的教育［J］.课程教育研究，2017（7）：179-180.

［19］简尼尔森.正面管教［M］.北京：京华出版社，2009.

［20］阿图·葛文德.清单革命［M］.杭州：浙江人民出版社，2012.

［21］约翰·洛克.教育漫话［M］.北京：人民教育出版社，2006.

［22］关鸿宇.教育就是培养习惯［M］.北京：新世界出版社，2003.

［23］林格.教育就是培养习惯［M］.北京：清华大学出版社，2013.